2年生のクラスをまとめる60のコツ

著
竹澤健人
竹澤萌

東洋館出版社

「クラスをまとめる60のコツ」シリーズ刊行にあたって

本書を見つけていただき、ありがとうございます。

本書を手にとっていただいたということは、何かしらの悩みをお持ちなのでしょう。もしくは、はじめて持つ学年で不安がいっぱいなのかもしれませんね。

本書は、「これをすればうまくいく！」という強いメッセージを持った本ではなく、心がスッと楽になるような、手元に置いておきたくなるような本を目指しました。悩みや不安があると、つい「これをすればうまくいく！」といった本を買ってしまいがちです。そのような本をヒントに、目の前にある悩みや不安を解消しようとします。

気持ちはとてもわかります。私もそうでした。

もちろん、本書でも「これをすればうまくいく！」といったことは書いています。

でも、本通りにしたけれど、うまくいかなかったということはありませんか。

それは目の前にいる子どもの実態や、先生自身のステータスが異なっているといった様々な理由から同様のことはできないのです。

そこで本シリーズでは、実際に執筆した先生たちのエピソードを入れました。それらのエピソードは、先生たちが実際に感じた失敗や困難、時には迷いや葛藤といった感情をリアルに伝えています。そして、そこから学んだことや次に向けた前向きな姿勢も含まれており、読む方に「私も大丈夫」と思っていただける内容になっています。

また、本書では、日々の授業や子どもたちとの関わりを通じて感じる喜びや、成長の瞬間にも焦点を当てています。教師としての役割や使命感に加え、日常の中で感じる小さな達成感や共感の場面を通じて、教育の奥深さを再確認してほしいと願っているのです。

ぜひ、本書を通じて、あなたが日々の実践に役立つヒントや気づきを得られることを願っています。教師という仕事における不安や悩みが少しでも軽くなり、子どもたちと向き合う毎日が、さらに充実したものになることを心から願っています。

本書は「教壇に立つあなたに伝えたいこと」シリーズの姉妹本になります。そちらのシリーズもあわせてお読みください。

樋口万太郎

はじめに

本書は、小学校教員である夫婦二人が執筆を担当させていただきました。二人とも今までに2年生担任の経験は二回ずつあり、執筆中は偶然にも「夫婦揃って2年生担任」という状況でした。だからこそ、仕事のこととなると、「2年生の子どもたち」が話題の中心になることが多くありました。

普段から、一緒に教材研究をしたり、行事の相談をしたりすることで、何気ない喜びや悩みを共有しています。著者二人がそれぞれのクラスで取り組んでいることは違いますが、話している中で大切にしたい考え方や価値観には重なるところがいくつもありました。この本では「まとめる」というキーワードを軸に、私たちが大切にしていることをお伝えできればと思います。

第1章では、私たちが、テーマについて話したことを対談形式で述べています。テーマは次の三つを柱にしています。

①まとまりのあるクラスとは

②そもそも2年生はまとまれるのか

③どのようにまとめていくのか

これらについて普段のように話しているため、フランクな表現が多々あります。どうか読者の皆さんも、この会話の中に一緒に入っているつもりで、ご自身の考えやイメージを持ってお読みいただけたら幸いです。

第2章では、2年生をまとめるためのコツ六十項目について、具体的な例やエピソードを交えて紹介しています。第2章を読んでいただくことを通して、第1章の対話内容を具体的にイメージできるように意識しました。

まとめるためのコツを整理すると、次の三つに分類することができました。

①教師が子どもに関わるコツ（第2章1〜25）

②子ども同士がつながるコツ（第2章26〜50）

③保護者を巻き込むコツ（第2章51〜60）

「①教師が子どもに関わるコツ」では、教師の言葉がけや指導、考え方などについてまとめています。これは、子どもたちと共通認識をもったり、それを実現するために必要な行動を教えたりするときに欠かせない教師のスキルです。

「②子ども同士がつながるコツ」では、子ども同士の関わりを生み出す活動や仕組みなどについてまとめています。まとまりを生み出すのは、子どもたちです。そのために、子どもたちが関われる機会をつくっていくことも、教師の大切な役割です。

「③保護者を巻き込むコツ」では、教室で大切にしていることや取り組みなど、保護者に伝えるための方法をまとめています。子どもの力を育てているのは、教師だけではありません。保護者は担任の方針や学校での様子にも気を配りながら、家庭で子どもたちに言葉をかけています。

個人懇談や電話などで「宿題になかなか取り組もうとしないのですが、先生はどのようにお話しされていますか?」「よく友達に注意しているという話を聞くのですが、クラスの様子はどんな感じですか?」というような質問を受けたことがある方もいるのではないでしょうか。子どもたちの情報を保護者と共有し、一緒に子どもの成長を見守ることも、クラスのまとまりを生み出すために欠かせないコツなのです。

このようなコツを意識しながら、日々子どもたちと時間を過ごしています。そして、クラスがまとまっていく中で、「今日もできることが増えたな」「明日も楽しみだな」という思いが、子どもたち一人ひとりの心の中に芽生えてくることを願っています。

紹介したコツの中から一つでも、読者の皆さんやクラスの子どもたちの幸せにつながることがあれば、とても嬉しく思います。

竹澤健人・竹澤萌

目次

第2章 2年生のクラスをまとめるコツ 33

第1章

2年生の指導のポイント

2年生の指導のポイント

本章では2年生のクラスづくりのコツについて、執筆者二人による対談形式で解説していきます。

まとまりのあるクラスとは？

健　まとまりのあるクラスって、どんなクラス？

萌　子どもたちが同じ学びに向かっているところを見ると、まとまっていると思うかなあ。

健　「これやるよ」って言ったときに、一斉に体や意識がそこに向かっていたりとか、みんなが同じ方向を向いて話を聞いてるとか？

萌　それも一つの姿かな。例えば、**授業や活動でクラスの子の誰かが「こんなことやってみよう！」って言ったときに、それに喜んで参加したりとか、協力したりするような子が、**まとまっているクラスには見られるね。

健　じゃあ、まとまっているクラスには、全体に声をかける人や、それに反応する人もいる。

萌　しかも、その子たちは、喜びを感じながら取り組んでいるって感じか。これって全員？「全員」って言うより、「できるだけたくさんの子」かな。みんながみんな、やっていないと、まとまってないってわけじゃないものね。**集団から抜けやすい子も、どこかのタイミングでは参加できるとか、楽しめるみたいな時間が多い**方がいいかな。

健　確かに、他のクラスを見て「このクラス、まとまっているなあ」と感じるときに、全員を見てるかってなったら、そういうわけでもない気がするもんなあ。何パーセントくらいの子を見て、まとまっているって感じるのかな。

萌　六〜八割……？

健　「二：六：二の法則」だね。望ましい行動を積極的にする二割の子どもたちと、その中間層である六割の子ども、合わせて八割の子がクラスのまとまりを生み出している感じかなあ。

萌　Q-Uテスト（学校生活における子どもたちの意欲や満足度、さらには学級集団の状態を測るための検査）とかの、八十パーセントもそうかな。ここまで授業とか活動で、まとまっているクラスの様子の話をしたけど、他にまとまっているクラスをどういうふうに表せる？

健　**みんなが同じ共通認識を持ってる**っていうのもあるのかなって思う。例えば、聞き方なら、話を聞くときは手を止めて、目をまっすぐ見て聞くっていう共通認識。

萌　確かにまとまっていく上では大事だよね。誰かが話してて、実際に手を止めて、目を見て聞いてっていう現象だけを揃えてても、その先がないというか。**何のためにそうしているのか**っていうのも、まとまっていく上ではすごく大事かな。

健　2年生という発達段階だし、子どもたちだけで勝手にはまとまっていかないよね。「こうやって聞いてもらえると心地いいよね」とか「こうやったらうまくいくね」っていう**成功体験を味わう経験が土台として必要**だと思うよ。納得して共通認識を持つためにはね。

萌　そもそも大人の言葉でだと、「まとまる」とか「まとめる」だけど、子どもたちはそういう意識でいないんだろうな。「楽しいクラス」「いいクラス」「最高なクラス」とかっていうのかな。

そこから、教師が「じゃあ、最高なクラスってどんなことができるクラスだと思う?」とか、「どういう人がいっぱいいるクラスだと思う?」とかっていうように問いかけていって、「じゃあ、具体的にはこういうことができそうだよね」「ああいうことができそうだよね」っていうのを子どもたちと一緒に考えていけたらいいのかなと。

健　本当にまとまっているクラスだったら、2年生なりになんで楽しいかとか、何がいいかとかっていうのを自分たちで言えそうだよね。なんか先生が面白い顔してくれるからとかっていうエピソードが出るのも、もちろん大事だけど、「みんなで考えたお楽しみ会ができる」とか、「先生がいなくてもこんなことまでできたこともあるから、いいクラス」とか。

萌　**「先生がいなくても」っていうのは、キーワードになりそう**かな。ハードルは高いけどね。

健　「A先生だからこのクラスは最高」みたいなのは、まとまっているって言えるのかな。

萌　それも大事だよね。その先生だから、ちゃんと自分たちの力がついているっていうのもあるかもしれない。でも、それだけで終わっちゃうともったいないよね。**「自分たちだけでも楽しいと思えるクラスをつくれる」という意識は必要かと。**

健　じゃあ、まとまりのあるクラスの要素を整理するとこうなるね。

- 思いや考えを伝える子ども
- 思いや考えをしっかり聞く子ども
- 成功体験や納得感に基づいたクラスの共通認識
- 「このクラスは楽しい」「このクラスはいいクラス」と思っている子どもたち

そもそも2年生はまとまれるのか

健 じゃあ、まず2年生ってどんな学年？

萌 初めてクラス替えをする学年。健人さんって、何回2年生を受け持ったことある？

健 二回持ってますね。

萌 私も二回なんだけど、一回はクラス替えがなくて、あと一回は、クラス替えがあるパターンだった。

健 全く一緒。

萌 じゃあ、クラス替えがあったときと、なかったときのクラス、雰囲気違わなかった？

健 全然違う。まず、**春の過ごし方が違う**な。

萌 四月に出会ってからすぐってこと？

健 そう。クラス替えがない場合だと、先生だけが変わるわけだよね。子どもたちの関係性は変わらずに。だから、良し悪しにかかわらず、去年まで過ごしてきた時間が、子どもたちの関係性をつくっているし、学校での過ごし方は前の先生の方針が残っていることになるね。

萌 子どもたちの方針も、朝から帰りまで揃っているから、既に「まとまっている」わけだもんね。

健　そうそう、だから先生が転校生みたいな感じだよね。

萌　そうだよね。その過ごし方がうまく学級の中に機能していて、自分のキャラクターというか経営方針にもはまっていれば、すごくありがたいことだよね。でも、逆にちょっと違和感を感じてしまったときは、正直苦しくなることもあったな。

健　そういう場合もあるよね。とはいえ、子どもがやっぱり一番大事って思うかな。これまでのやり方で子どもたちに違和感がなくて、クラスがうまく回っていて、傷ついている子がいるわけではないなら、無理やり変える必要はないと思う。だけど、明らかにシステム上に問題があって、子どもたちがうまく生活できないっていうんだったら、子どもたちと一緒につくっていくのも一つの手なんじゃないかな。**「去年こうだったんだよね。でもさ、こんな方法もあるんだけど、ちょっと試してみない？」**っていうふうにして歩み寄る感じ。

萌　納得。一つずつ確認しながら一緒につくる感じだよね。

健　そう考えると、クラス替えがある場合は、やっぱり違うよね。

萌　うん。ある場合は、2年生だけに限らず、また一からつくっていく感じ。でも、「2年生あるある」は、**小学校のルールは「1年生で身に付けてきたものがすべて」と思っている子どもたちが集う**ことかな。それぞれが元クラスの文化の違いについて、ぶつけ合う戦いが始まる。

健　宿題の出し方、給食、朝の挨拶、日直スピーチの有無、数え出せばキリがないね。

萌　「元A組はこうだったんだよ」「でも、元B組はこうだったんだよ」っていう主張のぶつけ合いがスタートするから、そこを整えるところから始まるかな。

健　それぞれに良し悪しがあるからね。

萌　でも、2年生ってすごく素直だから、納得する形で「新しいクラスでは、こういう方がうまくいきそうだから、これでやってみようか」というふうに先生が言うと、理解して受け入れてくれることの方が多いかも。だから、最初はズレがあっても、困るわけではないかな。でも、そこで「私（先生）のやり方はこうです！」と強引に示しちゃうと、きっとうまくいかなくなっちゃうのかな、とは思うけど。

健　そうだね。この本のテーマが「まとまる」なわけだけど、クラスの決めごとが先生のトップダウンだけになっちゃうと、指示待ち人間を育ててしまうことになると思うんだよね。「先生、次どうしたらいいですか」っていうふうに。そのような思考しかできない子どもたちにしてしまうと、なかなか苦しいね。「まとまってほしい」という願いがあるなら、やっぱり**「子どもたちと一緒につくる」というマインドが必要**だし、実際にそういう時間を四月から大事にしていかないといけないよね。

萌　その通りだね。

健　そこでなんだけど、そもそも2年生は、まとまれるの？

萌　まとまれる。健人さん、２年生を初めて担任したとき、どうだった？

健　まとまれなかったんじゃないかな。

萌　どうしてそう思ったの？

健　僕が最後まで「このクラスには自分がいないと！」って思ってたからかな。

萌　なるほど、先生がいたらまとまれてたんだね。例えば、どういうことができるようになったの？

健　話を聞き合うときや、他の場所に移動するとき。自分たちで声をかけ合って並ぶとか、次の支度をするとかっていうのも、先生がいたらできる場面は多い。褒めたり、目線を送ったりして気づかせることができるからね。でもいなくなると、厳しかったなあ。「もう一歩だなあ……」「残念だなあ……」って思うような場面もあったよ。できるときとできないときに差があるって感じかな。

萌 でも、その子たちのスタートは、先生がいてもできないことが多かったんじゃない？

健 そうだった。

萌 ということは、その子たちなりにまとまるっていう意識は持てるようになったと思うな。まとまりに欠かせない行動は、四月に比べたら三月は増えていたと思うから。そう考えると、まとまっている姿と言えるんじゃないかな。

健 確かに。ここまで話していて思ったんだけど、目指す姿までまとまりきっていないからまとまれてないという認識は狭いのかもしれないな。**新年度四月に比べて、まとまりに欠かせない行動が三月に増えていたら、確かにまとまっている**と言えるね。描いていたゴールに辿り着いていないから「まとまっていない」というわけではないということか。

萌 そうだと思う。だって、その四月に出会ったときの姿で、子どもたちの状況は違うからね。１年生のときにどういうふうに終わっているかとか、クラス替えがあるかないかとか、１年生のときの担任の先生がどんな関わりをしてきたかとか……。

四月のスタートラインは、クラスによって全然違うと思うけど、**「どこまでまとまりに欠かせない行動を増やせるか」**というふうに、伸びしろを子どもたちと一緒になって楽しめればいいんじゃないかな。

健 そう考えると、やっぱり「まとまってきていた」と言えるな。どこまで辿り着けるかは一旦置いておいて、ステップを踏んでいって、確実にまとまっていく方に進んでるっていうのが確認できたら、それでいいかもしれないと思えたな。

一年間が終わった後に、「まとめられなかった」という結果だけでは、教師も子どもも悲しいね。どんなクラスがどこまで進んでこられたか、上ってこられたかの過程が大切だね。

萌 そうそう。別にゴールを限定しなくてもいいんじゃないかなって思うな。2年生だからっていう難しさもあるよね。実際、同じ2年生でも発達はバラバラなわけだし。

健 発達のばらつきは忘れてはいけないポイントだね。

例えば、感情をコントロールしたり、決めたことを行動に移す働きをする脳の部分（前頭前野）が成長し始めている時期でもあるし。ちょうど七〜八歳から大きく成長し始めると言われている。

でも、実際全員が同じように成長しているかと言えば、もちろんそういうわけでもなくて。発達障害など原因によっては、他の子どもに比べて二〜三歳遅れて成長する場合も

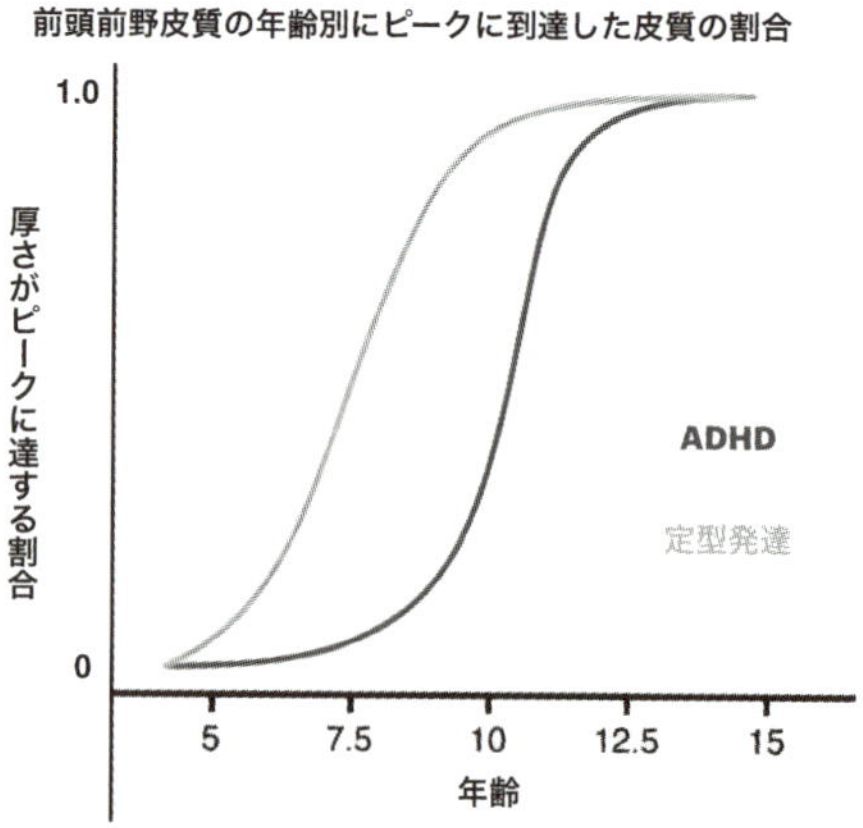

前頭前野皮質の年齢別にピークに到達した皮質の割合
（J Clin Invest.2009 Apr 1 ；119（4）：700-705を基に筆者が作成）

あるそうだし。同じ2年生でも、幼稚園年長さんほどの段階の子もいるものね。

萌

そうそう。だから**「焦らない、比べない。でも、諦めない」**が大切だと思うな。比べて焦っちゃって、諦めそうになったときはある。初任の頃とかかな。

隣のクラスはまとまっているけど、自分のクラスは全然まとまりがないと感じるときもあったな。今年度2年生を持ってるけど、四月から「あ、まとまっているな」「こんなまとまっている姿、これからも見たいな」って思った姿もあったよ。一見まとまってなさそうに見える場面もあるけど、子どもたち同士の個性がつながっていると、まとまりが段々見えてくるから面白いな。

健　一見まとまってなさそうだけどっていうのは、どういうこと？

萌　例えば、授業とかで自分の考えを書くときに、ノートに書きたがらない人が半分以上いたの。でも、そのうちのまた半分は、タブレットなら書いていたよ。あとは学び方でいうと、一人でやりたい子や二人組、三人組でやりたい子が出てきたりとか。だから、結局それぞれが、「自分はこういうふうに学びたい」というように、学び方が違っていたとしても、その後の**共有の時間でちゃんと話し合いが成立していれば、それはそれでいい**のかなって。まとまっているなと感じるよ。

健　一見、一人ひとりの行動が違っていて、まとまっていなさそうでも、みんなで何かをつくったり、共有したりする時間が成立していれば大丈夫ということ？

萌　そう思ってる。

健　そうなると、教師が子どもの学びや行動を確認したり、見守ることが大切になってくるね。

萌　そう。だから、個別最適な学びや協働的な学びを目指すことは、自ずとクラスの子どもたちがまとまっていくとも言えると思うよ。

健　そこで、「令和の日本型学校教育」の言葉が出てくるんだね。確かに、そのような学びを目指しているクラスは、自ずとまとまっていってそう。

健 他にも、**安心感を大切にしようとしているクラスも、子どもたちがまとまっていくクラスと言える**んじゃないかな。

僕のクラスでは、クラス会議をしてるんだけど、どのクラスにも意見を言いにくい子がいるじゃない？　うちのクラスも、最初の方は発言できる子はすごく少なかった。でも、どんどん話せる子が増えてきて、まだ発言したことがないのはあと二人ってところまで来たことがあったんだよね。誰が話してないかは、僕も含めて、多分子どもたちも、わかっていたと思うな。そんな中、これまで話さなかった子がパッと手を挙げたときに、みんなから拍手が起こったんだよね。「初めてじゃない？」「すごい！」みたいな言葉が静かに話を聞いた後に出てきて、嬉しかったなあ。

きっと初めて発言した子たちも、そう思ったんじゃないかな。

萌 それいいね。最初からそうだったの？

健 そんなことはない。最初は話せなかった子がいたときに、「あ〜、今日も全員話せなかった」っていうような言葉が出たり、話を急かすような表情をしている子もいたよ。でも、その度に「次のチャレンジが怖くなってしまうようなことには、気をつけよう」ということを、みんなで確認し続けてきたんだよね。さっき紹介したような姿が見られたのは、そのような積み重ねの結果だと思ってるよ。

萌　なるほどね。**価値観を子どもたちと共有していく中で生まれていくのがまとまり**とも言えそうだね。

健　最初の話に戻ると、2年生でもまとまっていけるっていうことだね。学年は関係ない。まとまっていくまでには段階があって、思い描いていたところまでは辿り着かないかもしれないけれど、どこかには到達できるっていうことだよね。

萌　そうだね。先生がいなくても、そのような姿が見られた方がいいかもしれないけど、先生がいたらまとまれるなら、それでもOK。だって、ガイドさん付きで旅した方が楽しいときってあるしね。2年生の終わりに辿り着けなかった姿は、きっと3年生以降でも身に付ける機会があるはず。そう信じて、いい形で次の先生へ未来のバトンをつなげていけたらいいんじゃないかな。

どのようにまとめていくのか

健　最後に、どういうふうにまとめていくかを整理していきましょう。

萌　最初にすることは、**子どもたちと先生との間にあるズレを確認すること**からだね。子どもたちの様子を実際に見たり、去年までの話を聞いたりして。

健　実態把握だね。そのズレの中で、なくした方がいいところは、なくしていくというイメージ？

萌　そう。例えば、人の話を聞くということについては、私の場合、どんなクラスでも毎年話してることがあるよ。それは「人と人がつながるためには、まず最初に聞くことから始まります」ということ。そして「別に上手に話せなくてもいいけど、相手を知ろうとするためにはどうしても聞くっていうスキルが大切だから、それが上手にできるようになると、友達ともうまく関われるかもしれないし、授業ももっと楽しくなるかもしれないし、先生のことをもっと知れるかもしれないし、いいことだらけだよ」ということを話してる。

健　そうなると次に、聞くってどういう姿なのかが大切になってくるね。

萌　そうそう。音楽を聞くときと、友達が一生懸命発表してるのを聞くときは一緒でいいのかとか、そういう小さなところから確認する。そういうふうにして、ズレをなくしながら土台をつくっているかな。

健　いきなり教師が決めるんじゃなくて、**子どもの姿から見つけ出して決める**ってことだよね。

萌　誰もわかってないことなんてないからね。保育園・幼稚園から1年生までの集団生活を経験してきた上での2年生だから。私たちがゼロから組み立てなければいけないことって、ほぼないと思うんだよね。

もし組み立てられていないところがあるとすれば、子どもたちと教師の間で認識が大きくズレてたり、教師の理想や目標が高すぎて、子どもたちからはあまりにもかけ離れてて、子どもたちが苦しくて離脱しちゃった場合なのかなって思ってるから。

小さなステップからでも「まずはこうやってみよう」「ここを頑張ってみよう」というところから始める。そして、そのステップを上がれたときには「できたね」って褒めて、次のステップへ、というふうに積み重ねていれば、私は大きく崩れないって思ってるんだよね。

健　ということは、まずは実態やズレの確認。どういうことを大切にしていくか、取り組んでいくのかっていうのをみんなで決める。その次に、実際に取り組んでみて、繰り返してほしいところを褒めるという流れということだね。

萌　褒めることもそうだし、認めることもできそうだね。
認めるっていうのはどういうこと？

健　**「それは素敵なことだよ」というように、そっと背中を押すこと**と捉えているよ。

萌　「認める」と「励ます」は違う？

健　「励ます」には、「もうちょっとでできそうだよ」「前よりこうなったよ」というようにして背中を強く押す感じかな。ぐっと引き上げるような……。似ているけどちょっと違うと思う。

健　その話を聞いて、「認める」には、肩に手をポンッと置く感じ、「励ます」にはエールを込めて背中を押すって感じがしたなあ。

萌　うんうん。そんな感じ。そうやって、いろいろな形で「頑張ってるね」「前よりよくなってるね」という言葉や態度を子どもたちにかけていく。何かしらの形でみんなやってるとは思うんだけど、まとまっていくために一番大事なのって、**どの方向に向かって自分は褒めたり、認めたり、励ましたりしているのかっていうのを教師がわかっているか**じゃないかな。

健　かける言葉にクラスのイメージが紐づいているのかっていうのが大事なわけだ。確かに

萌　そうでないと、ただ褒めるだけになってしまうものね。「先生に褒められるからやる」ってだけの子どもやクラスになってしまうリスクがある。

健　そうだね。「褒められないからやらない」っていうことになると悲しいよね。「どんな人間になりたいのか」っていうのは2年生なりに絶対あるはずだから、教師のかける言葉がクラスでつくってきた共通認識に沿っているかどうかは、とても大事だと思う。だからこそ、**「自分はどうなりたいか」とか、「それに向けてどうしたいのか」っていう考え方もセットになってくる**かな。

萌　コーチングという感じだね。

健　そうそう。クラスのまとまりには個人の成長が欠かせないと感じるんだよね。教師の言葉がけを通して、「楽しいかも！」「勉強してみよう！」というふうに、前向きな姿が見られるようになる。その一人ひとりのエネルギーがクラスにいる他の子への「それを使いたい！」「今度はこうしてみたい！」という学びにつながっていくんじゃないかな。

健　クラスをまとめることを矢印に表すと、教師からクラスに対する大きな矢印ってイメージかもしれないけれど、その矢印は、**一人ひとりに向けた細かい矢印の集合体というふうにも捉えられる**ね。ここまでの話をまとめると、まとまりのあるクラスを生み出すためには、**①共通認識を決める、②①をもとにして褒める・認める・励ますというステップを踏みながら、③子ども同士をつなげていくこと**が大切なんだね。

健　改めて最後に、まとまりのあるクラスをそれぞれ一言で表現してみよう。

萌　**先生がいてもいなくても、自分たちで「楽しい」をつくれるクラス。**

健　**みんなで幸せになるために、優しく、賢くなることを目指しているクラス。**

萌　第2章では、ここまで話してきたことをベースに、お互いに具体的に語ってみましょう。

第2章

2年生のクラスをまとめるコツ

1

焦らない、比べない、でも諦めない

私が初めて2年生の担任になることが決まった日。まず頭に浮かんだのは、「どんな子どもたちなんだろう?」でした。「笑顔いっぱいのクラスをつくりたいな」「〇〇の授業が楽しみだな」など、学級経営や授業プランにワクワクした気持ちも、もちろんありますが、実際の頭の中はそれだけではありません。当時の私は、教員三年目。前年度が6年生担任だったこともあり、「2年生ってどんな感じかな」「何ができて、何ができないのだろう」など、疑問だらけでした。

だからこそ、引き継ぎの際に1年生のときの情報をもらい、教育書などでも実態を予測し、子どもたちに会う前から、初日の出会い方やその後の生活がよりよくなるようにイメージを持って準備をしていました。しかし、注意していたのは、**「前情報や他から得た情報だけで、勝手に子どもたちのことを決めつけない」**ということです。

もちろん、支援や配慮が必要とされる子がいたら、事前にできるだけたくさんの手立てを考えるようにしていました。でも、それが必要ない可能性もあるのです。実際に、自分自身で子どもたち一人ひとりと関わることを通して、目の前にいる子どもがどのような個性を持っているのかをキャッチすることを大切にしています。

当時受け持ったときは、クラス替えがなく、担任の私だけが変わるという状況でした。いくつか大きな課題を抱えている学年でしたが、学年三クラスのうち他の二クラスは、1年生のときの担任の先生が持ち上がっていたので、既に安定感がありました。信頼関係があり、先生の言葉がしっかり届く集団になっていて、まとまりがあるように見えました。一方、私が受け持つクラスは、よい状態で1年生を終えられていなかったので焦っていました。そんなときに、当時の学年主任は「竹澤先生は、まず子どもたちのことを知って仲良くなることが一番ね。正直、ちょっと大変なクラスだと思う。でも一つずつやっていけば大丈夫。ぼちぼちいこうね」と声をかけてくれました。その言葉で、肩の力を抜けたことを今でも覚えています。

もしかしたら、皆さんが受け持つクラスも、隣のクラスや下級生に比べて集団としての課題があるかもしれません。私は、比較対象がある限り、無意識に比べてしまうのは仕方ないことだと考えています。しかし、それを**絶対に言葉や態度に出して比べ、子どもたちを傷つけるようなことはしてはいけない**と思っています。

たまに「隣のクラスはできてるのに、なぜできないの」「〇〇できないなら〇年生に戻りなさい」などの言動が見られる先生がいます。発破をかけているつもりかもしれませんが、子どもたちは傷つき、教師との信頼関係が築かれにくくなるだけです。

また、教育書やSNS等で得た理想と現実の差に焦ることがあるかもしれません。しかし、その情報の中にいる子どもたちと目の前にいる子どもたちは同じ集団ではないことを、冷静に受け止める必要があります。その集団ならではの長所や短所があり、「現在地」は当然違うのです。

先述の2年生ですが、四月は集合写真を全員で撮れませんでした。授業の四十五分間、教室にとどまることが難しかったのです。ドッジボールをすれば毎回トラブルになり、「学校は嫌い」と言っている子が何人もいました。しかし、一年後の三月には集合写真を全員が笑顔で写り、学びに向かえるエネルギーを蓄えられるようになりました。トラブルは自分たちで解決できることも増え、「学校が好き」と言ってくれるようにもなりました。

どのような集団でも、2年生である限り小学校を一年間経験しています。たった一年かもしれませんが、ゼロではありません。だから**学級経営もゼロスタートではない**と私は感じています。力を伸ばすこと、信じること、まとめることを諦めないでください。その子どもたちなりに積み重ねてきた今までのシステムや経験を上手に引き継ぎ、必要なところに手を入れる意識を持ちましょう。笑顔で向き合い、「現在地」から一歩ずつ、コツコツ歩んでいきましょう。

2 共通認識づくりからスタートする

共通認識づくりは四月から始めています。例えば、「静かさ」についての共通認識です。**静かさは、クラスがまとまるための土台の一つ**となります。

ざわざわしてしまっていると、相手の話が聞こえにくく、考えや願いを理解することができなくなってしまいます。そこで、二つのことを押さえておくことをおすすめします。

一つ目は、**静かとはどのような状態かをはっきりさせる**ことです。

例えば、書写の時間で静かに活動しているとき、「鉛筆の音だけが聞こえるね」「これがね、『静か』ということだよ」。このように語り、子どもたちと「静か」とはどういう状態かをはっきりさせます。

二つ目に、**静かにすることの効果を感じさせる**ことです。

子どもたちにわかってもらうためには、実際に「静かさ」を体感させて共有することが一番です。子どもが発表者の話を静かに聞いていたときに、発表者に感想を聞いてみましょう。実際に「しっかり聞いてもらえている気がした」「みんなに静かに聞いてもらえて嬉しかった」といった声が聞こえました。

このような子どもの言葉を全体で共有すれば、子どもたちも「静かさ」を大事にしてくれるようになるでしょう。

3
共通認識を染み込ませよう

共通認識は一度つくれば定着するわけではありません。褒めたり振り返ったりする中で、何度も確認することが大切です。

一例として掃除を挙げます。四月と七月の掃除中の動画を見比べる機会を設けました。ここでの目的は**「自分たちで考える」という共通認識を確認するため**です。

四月の動画からは、掃除のシステムを伝えるために、私が指示をする声がたくさん聞こえてきました。また、子どもたちの動きにもぎこちなさが見て取れました。一方で、七月の動画からは、子どもたちが声をかけ合っている姿や、すばやく掃除を進めていく姿が見られるようになっていました。

子どもたちに感想を聞いてみると、「みんな早くなってる!」「七月は、先生は褒めるだけになってる!」「教えてもらわなくてもよくなったからだね!」「AさんとBさんが『雑巾係さん、スタート!』って言っている」「まだまだ早くできるんじゃない?」など、いろいろな考えを聞くことができました。

このような機会を通して、共通認識に関して**成長したことと課題になっていることを全員で確認する**ことができます。課題を解決していき、成長を子どもたち同士で実感していくことで、まとまりが強くなっていくでしょう。

4

指導する前に実態把握から

指導の必要性を感じたときは、子どもたちの実態把握から始めることが大切です。**子どもの実態を把握した上で、願いや指導のねらいを伝える方が子どもたちに言葉を届けやすいか**らです。

例えば、宿題の提出率を上げたいと考えたことがありました。「宿題を出さないといけないじゃないか」と指導することも一つの手ですが、子どもの実態をつかむために、まずは**いろいろな観点から問いを立ててみることにしました。**

「いつも提出していないのか」「1年生の頃から提出していないのか」「何の宿題の提出率が低いのか」「そもそも宿題を出すことのよさとは何か」「そのよさは、Aさんにとってどうだろう?」などの問いが浮かんできました。

漢字の宿題の提出率がとりわけ低いことが明らかになったので、「やり方がわかっていないのか」「漢字ドリルやノートを持ち帰れているか」といった、新たな問いが湧いてきました。そこで、授業中に取り組み方を改めて確認し、その後の様子を見守ることにしました。

その後、少しずつ改善が見られるようになり、七月にはほとんどの子どもが宿題を提出するようになりました。

5

適切なアセスメントを

一般的に2年生（七〜八歳）は、まだ脳の発達差が見られる段階と言われています。そのため、差があっても集団生活がしやすくなるように、適切なアセスメントが大切になります。アセスメントを抜きにした何となくの支援では、望ましい効果が出ず、その子も教師もまわりの人たちも苦しくなってしまいます。

そこでおすすめしたい方法が、**応用行動分析**です。この分析では、行動の前後を分析することを通して、その行動の目的を明らかにします。そして、その行動が起こる前後の環境を操作することで、よりよい行動へと導きます。そのために、**どのような時間や場所、活動のときにマイナスの行動や発言が出るのか、逆にどのような環境のときに落ち着くのかなど、複数人でよく観察をします。**

［分析例① 友達を叩いてしまうAさん］

Aさんは、友達を叩く前にその友達と口論をしていて、叩いた後はその場から離れていきました。叩くという行動の前後の出来事から考えてみると、「話し合いがうまくいかなくなったから、うんざりしたのかな」「どう解決すればいいかわからなくなったから、叩いたのかな」と、何となく行動の目的が見えてきます。

すると、気になる行動を減らすための手立てが見えてきます。この場合だと、「困ったときは、先生のところにおいで。お手伝いするよ」「叩きそうになったときは、このぬいぐるみを触りにおいで」など、**Aさんの「叩く」に代わる行動を示す**という手立てが考えられそうです。

［分析例② 授業中立ち歩きの多いBさん］

Bさんの場合、立ち歩くという行動が分析の対象となりますから、**立ち歩きが見られた日付や時間を記録する**ことから始めていきます。「四月十日・一時間目国語・意見を書く時間」「四月十一日・四時間目英語・発音練習中」というようにです。

このような作業を一〜二週間続けていると、Bさんの行動のパターンやその原因が見えてくる場合があります。「国語の時間に立ち歩くことが多い」「図工や音楽では立ち歩きがない」「図工や音楽のように、活動が明確な時間は立ち歩きがないのかもしれない」「国語では話し合った後に書く時間を取ることが多い。話し合った内容が理解できていないから、何を書けばいいのかがわからず、立ち歩いてしまうのかもしれない。立ち歩くことで退屈さをごまかしているのかな」という具合にです。

そうすれば、気になる行動を減らすための手立てが見えてきます。この場合だと、話し合った情報を黒板やタブレット端末で確認できるようにする環境面でのサポートや、授業中にノートを確認して「よしよし」「書いているね」と褒めたり認めたりする回数を増やすという手立てに効果が期待できます。

このように、気になる行動の前後を分析することを通して、環境やサポートの仕方を整えることができます。思いつきの手立てではなく、**子どもありきの手立てを打つことによってこそ、効果が得られる**と考えます。大切なのは、届けたかどうかではなく、届いたかどうかです。

行動の記録を一人でとることに難しさを感じることもあるかもしれません。そういうときには、担任一人ではなく、他の先生の力を借りてみることも重要です。複数の目で複数の状況から予想することで、より子どもの困り感や必要な手立てが見えてくるかもしれません。

落ち着いて学校生活を送るための環境を整え、クラスがまとまる基盤をつくっていきましょう。

6

頑張っている子どもの心を離さない

「二：六：二の法則」をご存知でしょうか。この法則では、**非常に優れたパフォーマンスを発揮する二割、平均的なパフォーマンスを示す六割、低いパフォーマンスを示す二割**というふうに集団を分類しています。子どもたちの前に立っていると、私たちはその中の低いパフォーマンスを示す二割の子に目線が奪われがちです。そして、望ましい行動を引き出すためにクラス全体の前で叱ることがあります。ボトムアップをしてまとまりを強化していくために、このような場面は必要です。

しかし、そのような場面ばかりになってしまうと危険です。それでは、教室には二割の子どもたちを伸ばすための教師の言葉が数多く響いてしまうことになるからです。実際に私も、叱る言葉ばかりになってしまったことがあります。クラスの雰囲気がどんよりし、互いを責め合うような姿が子どもたちから見えてくるようになってしまいました。

このような失敗を活かして、例えば、チャイム着席の指導では、「もう座ってる！　さすがAさん！」「Bさん、Cさん、Dさんがそれに続きます！」「Eさんも座って……、お！あと三人」というように、**頑張っている子に着目して、望ましい行動を促す**ようになりました。クラスにまとまりを生み出す上で、全体的に指導することはもちろん大切ですが、既にできている子どもたちの心を離さないことも大切です。

7

余白を残して、子どもたちの手柄に

私たちは日々、多くのことを指導しますが、意図的に余白を残すことを大切にしています。余白の部分を、子どもたちの手柄にするためです。例えば、私はランドセルと机の整頓の仕方を細かくチェックしています。教室の中にあるロッカーや机は、いつでも指導したり、やり直しをさせたりしやすいからです。

一方で、靴箱や雑巾のかけ方については、現状を確認したり共有したりすることに留めています。毎朝出勤するときには靴箱を見たり、掃除後には雑巾のかけ方を見たりしています。すると、全員ではなくても必ずできている子どもはいます。「朝からビシッと靴箱が整っていて、気持ちがよかったなあ」「机やロッカーだけではなく、雑巾のかけ方も美しいね。素晴らしい」のような言葉をかけることを大切にしています。**靴箱やロッカーなどの写真をモニターに映しながら、整頓のことについて語る**こともあります。写真を撮り溜めておけば、過去と現在を比較し、成長を実感させることもできるからです。

このように、すべて指導してしまうのではなく、**自分で考えて行動する姿から大切なことを共有していきます。**子どもたちは、自分たちでできたことに喜びを感じることでしょう。

8

手を打って、信じて、待つ

四月中旬、子どもたちの関わりを増やすために、じゃんけん列車やフラフープくぐりをして遊んでいたときのことです。たくさんの笑顔が見られ、ねらい通りに新たな関わりが生まれる時間となりました。しかし、一人だけ遊びに参加せず、壁にもたれて下を向いているAさんがいました。皆さんなら、このようなときはどうしますか。

私は無理に遊びの中に入れないことにしました。前担任と保護者からの報告で恥ずかしがり屋であることと、**小さい頃から新しい環境に慣れるまでに時間がかかることがわかっていたから**です。「今日はどうする？」とだけ声をかけて、首を横に振ったので、笑顔で「わかった」と伝えました。そのとき、私はこの日のAさんの姿を忘れないことと、Aさんが自分から一歩踏み出せるように、**安心を感じられるクラスにしよう**と決意しました。その後は、少人数で短時間でできる遊びを継続して取り入れ、Aさんの様子を見守ることにしました。

一学期末になると、Aさんは友達の輪に入っていけるようになっていました。修了式前には、クラスの前でダンスを披露するほどの変化を見せてくれました。「四月は壁にもたれていたとは思えないね」と伝えると、Aさんは目を細くして笑いました。

9

安心感を生み出す――笑顔編――

セロトニンという言葉を知っていますか。セロトニンとは、脳に安心感を与える物質のことです。それが脳内に発生したとき、人は安心感に包まれます。安心感を届けられる教師でありたいですよね。

セロトニンを脳内に発生させ、安心感を与える方法の一つに「笑顔」があります。たかが笑顔、されど笑顔です。

かつて、長野県にある小学校のクラスを、朝の会から終わりの会まで参観させていただいたことがありました。事前に、担任の先生から聞いていた子どもたちの特性や家庭の事情、前年度までのクラスの状況などの情報だけでは、とても子どもたちがまとまっている状態を想像することはできず、「どうやって、子どもたちを結びつけていくんだろう」という疑問を抱かずにはいられませんでした。

迎えた参観日当日。教室に入ると、朝から仲睦まじくおしゃべりしたり、のんびりそれぞれの時間を過ごしたりして、心地よさそうにしている子どもたちの姿がありました。一方、授業中は子どもたち同士が正対し、真摯に互いの意見に耳を傾け合う姿も見られました。前日に聞いていた情報からは、想像もできなかった素晴らしい姿に、驚きを隠せませんでした。

そのようなまとまりを生み出した秘訣の一つは、先生の笑顔であったと思います。実際にそのクラスの担任の先生は、**ほとんどの場面で笑顔**でした。授業中や休み時間に撮影された先生の写真を後から見返してみても、笑顔でない写真を探す方が難しかったほどです。安心感を生み出す笑顔に衝撃を受けた参観になりました。

そのクラスと出会ってからは、私も笑顔でいられる時間をできるだけ増やせるように、**定期的に自分の授業の様子を動画撮影し、その度に振り返りを行いました。**心にゆとりがないときは、まだまだ笑顔でいられる時間は長いとは言えませんが、意識する前よりも、随分改善されたように感じています。それに、笑顔を意識できているときの方が、楽しんで授業ができるようになりました。一人でも多くの子どもたちにとって、私が安心感を与える存在になっていることを願っています。

笑顔を意識し続けて迎えたある年の修了式に、子どもから手紙をもらいました。その子は真面目でおしとやかで、私が気にかけていた子どもでもありました。なぜなら、当時のクラスには、感情のコントロールに難しさを抱えている子どもが複数名いて、トラブルが絶えない時期もあったからです。「トラブルが起こってしまった後や指導後の雰囲気、悪くなかったかなあ」と考えることが少なくありませんでした。そんな子どもから受け取った手紙には、こう書いてありました。

「先生はいつもにこにこしていてやさしくてうれしかったです。でも、しっかりとおこってくれることもありました。このクラスの先生がたけざわ先生でよかったです。」

子どもたちがまとまっていくために、きちんと伝えなければいけないことはたくさんあります。ただ、それが伝わるためには、子どもたちにとって、私たち教師がどんな存在であるかが大切だと考えます。安心感を届けられる存在か否かは、大きな分岐点と言えるのではないでしょうか。自分の願いや指導、友達の思いや言葉がしっかりと届く土台をつくるために、まずは**安心感を感じられるような表情を心がけて**いきましょう。

10

安心感を生み出す―見つめる編―

安心感を与える方法として、見つめることも効果的です。

教室で過ごしていると、子どもがこちらを見つめていることに気づくことはありませんか。もしかしたら、それは安心感を求めているサインかもしれません。

例えば、幼児は遊んでいるときに、突然、保護者の方を振り向くことがあります。その度に「近くにいてくれているかな？」「これで遊んでも大丈夫かな？」と言いたげな目でこちらを見つめてきます。実際に私たちの娘も、公園で私たちの先頭を歩いては振り向いて「よしっ！」と言って、また歩き始めることがあります。

それと同じような行動が、2年生の子どもたちにも見られます。幼児に比べてそのような行動は減るのかもしれませんが、できるだけ私たちはそのような子どもたちからのサインを見逃さないようにしたいものです。**見つめ返して、安心感を届けましょう。**

例えば、折り紙の折り方について指示を出した場面がありました。子どもたちが活動しているときに、私の方をじーっと見てくる子どもがいました。「これで合ってる？」と言いたげな表情だったので、子どもの手もとを確認した後、**見つめ返しながらOKサインを出して、頷いてみました。**その後、その子は視線を折り紙に戻して再び作業を始めました。「先生は見てくれている」「今のままで大丈夫」と安心感を与えることができたと思っています。

他にも、ある子どもが休み時間に遊んでいた友達から離れて、自分の席に戻っていく場面がありました。しばらくすると、教卓で丸つけをしている私の方をちらちらと見ていることに気がつきました。私はその子を見つめ返して、OKサインを出しながら首を傾けてみました。「大丈夫？」というメッセージを届けたかったからです。すると、首を縦に振り、机に突っ伏して寝始めました。

時間をおいて、「あのとき、大丈夫だった？」と聞いてみると、「うん。落ち着いた」と話してくれました。振り返ってみると、アイコンタクトはこの子にとって、感情を落ち着かせるための大事な行動だったのかもしれません。

今回紹介したような**目立たずに自信がなさそうにしている子や、困っている子にも目線を配ること**が特に大切です。人懐っこい子や声が大きい子といった、いわゆる「目立つ子」に対して、教師は目線を向けてしまいがちです。

だからこそ、私は子どもたちと話しているときや遊んでいるときにも、見逃してしまっている子はいないかと、教室中を確認することを怠らないように気をつけています。どんな子どもにも、安心感を届けようとする心がけが、クラスのまとまりを生み出す土台になっていくと考えているからです。

セロトニンを分泌させ、安心感を届ける方法は、笑顔や見つめること以外にも、**話しかけることや触れること、褒めること**によっても可能だと言われています。これら五つの手立てをまとめて、**「セロトニン5」**と呼んでいる方もいます。

ただ、どのような手立てにも使いどきがあります。どんなときでも笑顔で見つめながら、話しかけたり、触れたり、褒めたりすればいいわけではありません。作業に没頭している子や、怒りが収まりきっていない子にそのような手立てを打ってしまうと、かえって逆効果になってしまうことも考えられます。安心感を届けるどころか、関係性を大きく揺るがしてしまうかもしれませんので、注意が必要です。

それでも効果のある技術であることには変わりありません。どれも簡単に始められることであり、意識すれば継続しやすい手立てでもあります。子どもに安心感を与えられるよう、場面に合わせてぜひ試してみてください。

11

褒める？　叱る？　それとも……？

私は初任者のときに「褒める」と「叱る」のバランスを考えて、子どもたちと関わるよう、先輩の先生に指導された経験があります。

当時は、その言葉を鵜呑みにして、子どもが頑張っていると感じたら全部「褒める」ようにし、問題行動があったら、とことん「叱る」ようにしていました。しかし、私なりにバランスをとっていたつもりでも、その二択だけでは単調な指導になります。私と子どもの関係も悪くなってしまいました。

そもそも、なぜ「褒める」のでしょうか。「叱る」のでしょうか。今の私の場合は、**子どもたちの言動に対して適切なフィードバックを行うことで、自己肯定感を高めたい**からだと考えます。

当時の私には、この「なぜ」の部分が足らないことばがけだったので、きちんと伝わらなかったのでしょう。そして、この二つの手札しか持てていなかったことにも、心理学や脳科学、発達支援などから知識を得るうちに、子どもたちに申し訳なさを感じるようになりました。

例えば、子どもが漢字テストで「八十点だった！」と言ってきた場合、皆さんならどう答えますか。初任の頃の私だったら、きっと「すごいね！」と、一方的に褒めたり、「惜しかったね！　次は百点取れるよ！」と、期待を込めて励ましたりしていたと思います。

しかし、これを「子どもの気持ちを想像できたのか」「その後の成長につながるものだったのか」という視点で考えると、反省点が残ります。

このようなときは**「八十点だったね」と言われた言葉をそのままリピートして、認めるようにします。**これは、コーチングの分野でよく使われる手法です。「八十点」をどう捉えているかは、一人ひとり異なります。こちらから一方的に評価せず、承認の姿を見せるようにするのです。

もう一つ、掃除の例を挙げます。仕事が粗い子がクラスにいる場合、「もっと○○してほしい」と要求を言葉にして伝えるのは簡単ですが、子どものやる気を奪いかねません。

そのようなときは、「お掃除検定」と名付けたプロジェクトでレベルアップを目指します。「『見習い』は○○できる」「『名人』は○○できる」「『達人』は○○できる」等、具体的な姿を子どもたちと決め、**できていることに焦点を絞る「ソリューション・フォーカス・アプロ**

ーチ」をねらうのです。こちらは、心理療法レベルの一つとして確立した方法論です。

私のクラスにもお掃除が嫌いなAさんがいました。なかなか集中して取り組むことが難しく、四月当初は私からの注意も多かったように思います。しかし、検定で目指す姿をはっきりさせてからは、行動がみるみる変わりました。

他にも、SEL、マインドフルネスなど、教室に応用できる学びはたくさんあります。このように「＋アルファ」を知れば知るほど「褒める」と「叱る」には再考の余地があることに気づきます。

目の前の子どもたちと教師がつながるためには、ただ**思いつきで発する言葉や働きかけだけでは困難なこと**があるでしょう。そのようなときは、ぜひ皆さんも「＋アルファ」の部分に触れてみてください。

子どもたちは一人ひとり違います。私は「子どもに届く『ことばがけ』ができるようになりたい」と願い、今もずっと学び続けています。

12

「そ言葉」で認める・励ます

そ 言葉で褒める

子どもたちがまとまっていくために、教師が一人ひとりの子どもたちを認めたり、励ましたりする機会が必要です。友達にも教師にも認められたり、励まされたりしない教室の中では、子どもたちのまとまりを生み出すことは難しいでしょう。だからこそ、「自分は受け止められている！」「このクラスでもやっていける！」と思えるような言葉がけや行動が重要です。

子どもたちにそのようなメッセージを伝える方法の一つに「そ言葉」があります。「そ言葉」とは、**「そうそう！」「それそれ！」「そうかそうか！」「そうなんだね」「その調子！」**というように、「そ」から始まる言葉のことです。このような言葉を使うことで、次のように子どもの言葉や行動を認めたり、励ましたりすることができます。

- アドバイス通りにできるようになったとき→「それそれ！」
- 困っていることを伝えに来てくれたとき→「そっかあ、つらかったね」

また、「そ言葉」のよさは、子どもにとっても使いやすいところがあります。例えば、授業中に友達の発表を聞いていて「そうそう！」「そうだよね」と呟く子どもが出てくることがありました。発表者がそのような呟きを聞いたとき**「自分の言っていることが伝わってよかったな」と安心する**ようです。

13

「ど言葉」で思考を促す

「先生、今何時間目ですか?」

「先生、Aさんに叩かれました!」

このようなことを子どもが言ってきたら、どのように答えますか。「二時間目ですよ」「よし、Aさんに話を聞いてみよう」と言うこともあるでしょう。

しかし、そのようなやり取りばかりでは、子どもの考える力を伸ばすチャンスを減らしてしまうことになります。自分自身で考えて、答えを出したり、今後の方針を立てたりする力が伸びるような声かけが重要です。

例えば、「ど言葉」です。これは**「どうしたの?」「どうしてほしいの?」**などの「ど」から始まる言葉のことです。子どもに「先生、今何時間目ですか?」と聞かれたときに、「どうすればわかりそう?」と問いかければ、「あっ! 時間割表!」と答えてくれるでしょう。

また、「先生、Aさんに叩かれました!」と話しかけてきたとき、「それはつらかったね。先生にどうしてほしいの?」と問いかければ、「うーん、Aさんに話してほしい」「話し合いを手伝ってほしい」などと返してくれるはずです。

このように、**「ど言葉」を使うことを通して、子どもが自分自身で考えられる**ようにしましょう。まとまりのあるクラスには、子どもたちの考える力が欠かせません。

14

時には発破をかけてみる

子どもたちに発破をかけることで、ほどよい負荷を与え、更なる成長をねらうことがあります。

例えば、拍手送りというアクティビティをしているときです（拍手送りとは、一人ずつ順番に一回だけ「パチンッ」と手を叩いていき、最初の子どもが拍手をしてから最後の子どもが拍手をするまでのタイムを計測するアクティビティのこと）。一度目はぎこちなかったとしても、二度目以降はタイムがどんどん縮まっていきます。三度目や四度目を始める前に、「そろそろ限界だよね？」と発破をかけてみたことがありました。

そうすると「嫌だ！」「まだできる！」という言葉が返ってきました。その後の作戦会議では、「隣の人をよく見よう！」「二列目、まだまだ速くなれるよ！」などの言葉が聞こえてくるようになりました。これが子どもたちが目標に向かってまとまろうとする瞬間だと捉えています。

活動が終わった後は、**活動中の子どもたちが考えを伝える姿やポジティブな言葉などを取り上げて褒める**ことをおすすめします。

「楽しかった！」「盛り上がった！」だけで終わらせるのではなく、クラスがまとまっていくためのきっかけにすることが重要です。

15

「ことばがけ」を吟味する

子どもたちと過ごす中で、教師はたくさんの言葉を子どもたちに届けます。確認、指示、助言、発問、叱咤激励など、その種類は多岐にわたります。また、声に出さなくても、表情やジェスチャーなどから伝えることもあるでしょう。だからこそ、教師や子どもたちが発する「ことば」はその学級の環境であり、文化にもなりうることを念頭に置く必要があると考えています。目の前にいる2年生の子どもたちに届くように、**伝え方を吟味する**ようにしていきましょう。ここでは、三つのポイントを例示します。

1. なりきり言葉で示す

例えば「廊下を静かに歩いて移動教室をしてほしい」場合、どのように声をかけるでしょうか。「廊下ではしゃべりません」「廊下は走りません」でも、きっと子どもたちには伝わります。しかし私は、**「忍者のように歩きます」「おばけ歩きにチャレンジしましょう」**などと声をかけます。「忍者」のようになりきる対象や「おばけ歩き」のように、なりきり言葉で伝えると、子どもたちに思いが伝わりやすくなります。名著『Aさせたいなら Bと言え』にもあるように、ストレートに「A」で伝えるだけではなく、子どもに届きやすい言葉「B」が何かを吟味することも大切です。

2. 視覚的に示す

言葉による指示だけでなく、視覚的なアイテムを使って思いを届ける工夫もしています。例えば、**うちわの片面に「しずカニ」の文字とカニのマークを描いて、子どもに示します。**これは、声をあえて発さずにメッセージを伝えるノンバーバルな対応です。

この事例のように、子どもたちと静かな状態をつくろうとしている場合、教師の「静かにしましょう」という音声が、静かになりにくい原因をつくってしまうことがあります。教師の声が大きくなればなるほど、子どもがそれを上回り、静かな状態をさらにつくりにくくなってしまうからです。「しずカニ」のアイテムで指示が通りやすくなったら、ハンドサインに切り替え、より手軽な視覚情報を使って思いを伝えることも手立ての一つです。

3. 聴覚的に示す

運動会の表現運動を例に挙げてみます。**静と動を意識して「揃う」心地よさや、体の使い方で「緩急」をつける楽しさを味わわせたい**と考えます。「トーントーントントントン」とリズムを確認したり、「グルグルパッ!」「シュッ!」「ビシッ!」と動きや大きさを表したりすると、子どもたちは動きやすくなります。オノマトペには、動作のときに声を出すことで、脳のリミッターを外したり、リラクゼーション、気持ちのリセット効果もあると言われています。

どのような仕掛けが子どもたちの心を動かすかは、一人ひとりや集団によって変わります。子どもたちがどのような言葉、指示の出し方によい反応を示す傾向があるのかなど、日頃からよく観察して分析していきましょう。方法は数多くありますが、ピッタリ当てはまる方法は限られてくるはずです。**目の前にいる子どもたちへ「届ける」意識を常に持って「ことばがけ」をしていきたい**ですね。

16

合言葉で楽しく声かけ

クラスをまとめるコツの一つに、合言葉があります。子どもたちが楽しみながら声をかけ合えるようにするためです。

例えば、**「フォーメーション」**という合言葉があります。フォーメーションとは、机の配置のことです。現在の私のクラスでは、担任授業のときはコの字型、専科授業のときは全員前向き型にしてもらっています。それぞれフォーメーション・レッド、フォーメーション・ブラックと命名しています。

「次は図工だね。フォーメーション……？」「ブラック！（全員前向き）」

そうやって、机の配置を変えます。

他にも**「ゴーストバスター」**という合言葉があります。椅子が出しっぱなしになっている状態のことを「透明人間が座っているよ。ゴーストバスター、頼んだ！」と伝えます。そうすると、子どもたちは「追い払わないと！」と言いながら、椅子をきちんとしまっていきます。自分から進んで友達の椅子をしまう子も出てきます。

慣れてくると、合言葉を使って声をかける子どもが出てきます。「次は英語！　ブラックにしよう！」「みんな透明人間が座ってる！　追い払おう！」というようにです。次第に声をかけてもらっていた子どもたちも、声をかけ合えるようになってきます。

17

一筆箋で特別感を

一筆箋で褒める

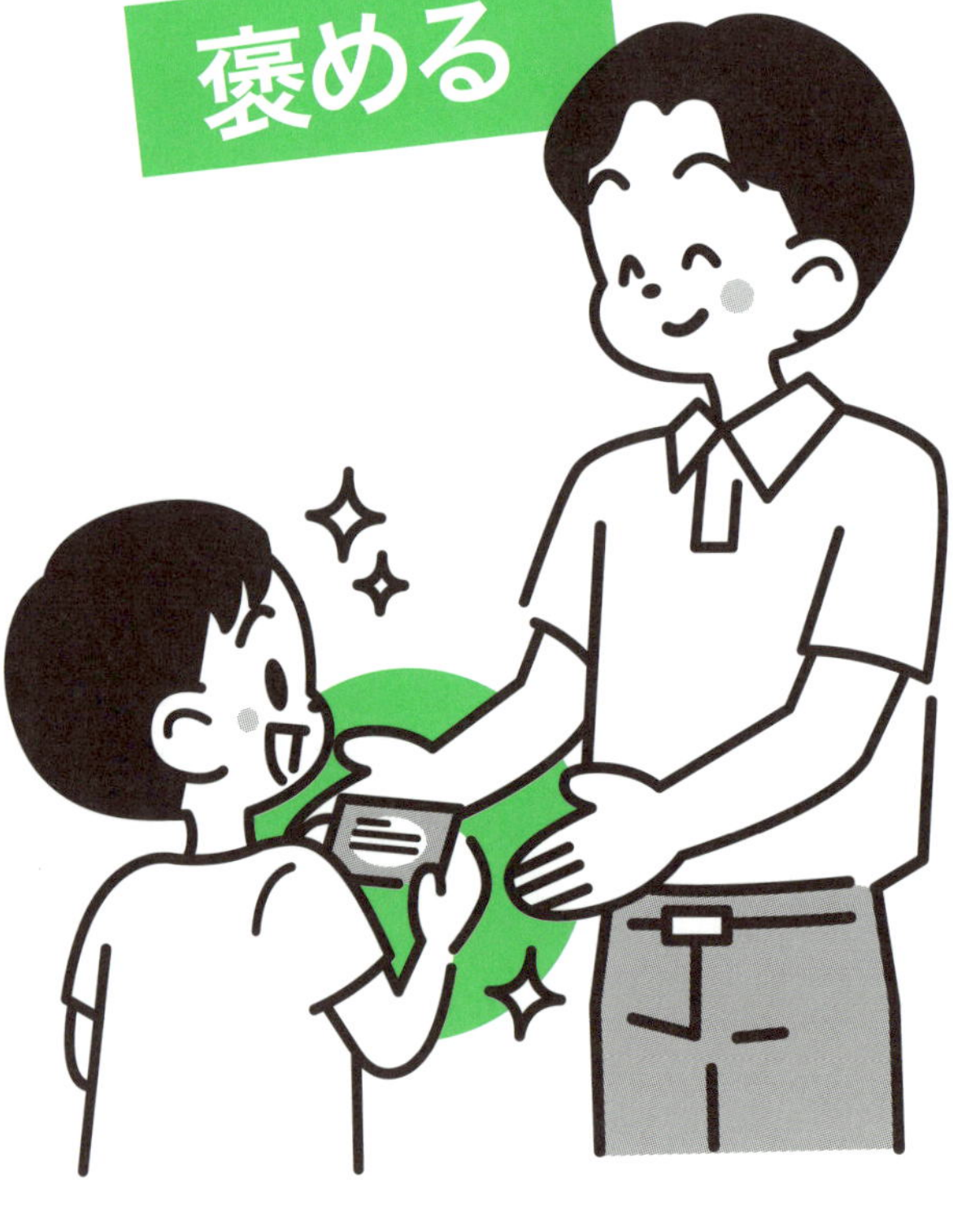

子どもたちにとって、一筆箋には特別感があるようです。教師の語りや学級通信などのように、クラス全体の前で褒められるのとは違い、**「自分にだけ届いた！」という喜びがある**からだと思います。

私の場合、帰りの会が終わった後に一筆箋を渡すことが多いのですが、もらった子どもは大喜びです。普段はあまり表情を変えない子どもも、一筆箋を受け取った後は、しばらく手に持って口角を上げながら読んでくれていました。

一筆箋の内容として、まとまりのあるクラスに欠かせない行動が見られたときには、次のようなメッセージを伝えてきました。

- 「○○さんが初めて発表した！　すごい！」と言っていましたね。友達の成長を見逃さないAさんの目、素晴らしかったです。
- 「○○さんはどこに行きたいの？」と町探検のグループ活動で言っていましたね。話せていない人を置いてけぼりにしないBさんの心、とっても温かいです。
- 今日も誰よりも早く列に並び、友達が揃うのを待ってくれていましたね。さすがクラス委員のCさん。頼りにしています。

・一人では机を運べずに困っていた友達を助けていましたね。Dさんは机係ではなかったのに、よくまわりを見ていましたね。

加えて、一筆箋は**子ども同士のつながりを生み出すアイテム**でもあります。

例えば、一筆箋をもらった子どもには、友達が集まることが多いです。「何て書いてもらったの？」「もらえてよかったね！」「へえ、そんなことできてたんだ！　すごいね！」「いいなあ。僕もほしいなあ」というふうに、もらった子どものよさが詰まった一筆箋から会話が生まれます。

その会話の中で、友達から羨ましがられたり、褒められたりすると、もらった子どもの嬉しさが増すきっかけにもなります。教師からだけでなく、友達からも認められることになりますから、このような場合は一石二鳥です。

他にも、私が一筆箋を書いているときには、子どもたちが集まってくることが多いです。「今日は誰の一筆箋だろう！」と、みんな興味津々です。

一筆箋を書き始めるときには、届ける相手が決まっていることがほとんどなのですが、わざと悩んでいるふりをすると、子どもたちが自分や友達を褒め始めることがあります。「僕、今日も頑張ったよ！　えっとねえ……」「先生、Eさんがさっき助けてくれました！Eさんにしましょう！」といったふうに、自分や友達の頑張りの振り返りにもなりますから、温かくもクスッと笑える時間になります。

また、宛名を飛ばして、メッセージだけ先に書いた後に**「誰に書いた一筆箋だと思う？」**と、集まってきた子どもたちに問いかけることもあります。そのように問われると、子どもたちは、当てずっぽうで友達の名前を挙げていくことがほとんどです。

ただ、一筆箋に書かれている内容をもとに予想をするので、その日の友達のいいところを探そうとします。ここでいろいろな子どもの名前が出てくるかこないかで、人間関係が見えてくることもあります。

このように、一筆箋には、子どもが喜び、行動の強化につながるだけでなく、子どもたちのつながりを生み出すアイテムにもなります。その子のよさや、今後も継続してほしい行動を発見したとき、ぜひ一筆箋を書いてみませんか。

18

写真掲示でよい視点を持たせる

皆さんは日頃、子どもたちの学校生活の様子を写真に残していますか。私は授業の板書や子どもたちが対話を楽しんでいる様子、係活動の様子などを中心に、**毎日、意識的に写真に収める**ようにしています。それを私の指導や支援の振り返りに使用したり、子どもたちや保護者に共有することで、よい行い、つながりに気づかせたりしています。

例えば、授業中のペアトークでは、**子ども同士の距離感や体の向き、表情などを撮影し、子どもたちに提示**します。無意識だったものが意識化されることで、次の活動時によりよい姿が表れることが期待できます。体育では動画もよく使用します。折り返しリレーでは上手な折り返し方やバトンの渡し方を撮影し、自分たちの体の動きを客観的にチェックしてもらいます。

他にも、物に着目して写真を撮ることもできます。靴箱、ランドセルロッカー、傘立て、雑巾の管理場所などです。教師が「整頓しましょう」と伝えることもできますが、写真を撮って掲示することで、教師の言葉を削ることができます。

大切なのは、**よい視点を持たせる**ことです。そして、**よい視点に日々の意識を向けさせること**だと考えます。少しずつ自分たちでも意識して行動ができるように促していきましょう。

19

日記で「個」をみる

私のクラスでは、日記を週に一度書いてもらっています。子どもの**書く力を高めることと、教師が子ども理解を深めること**が目的です。

日記は、学校で書くときもあれば家庭学習にするときもあります。日頃の何気ないこと、特別なことを綴る「思い出日記」と、事実ではないことも書ける**「なりきり日記」**や**「夢日記」**と名付けたものも出しています（これらは、「朝起きたら○○になっていた」「先生になったつもりで○○時間を振り返る」など、テーマを設けて出題することもあります）。

担任に自分のことを話すのが苦手な子は、どの学級の中にもいるものです。私自身も、子どもの頃はそういうタイプで、休み時間の度に先生のまわりに行っておしゃべりできる友達が羨ましく感じることもありました。だからこそ、習い事のことや休みの日の過ごし方を日記に綴ることで、学校ではあまり見せ場のない水泳のことや夢中になっている遊びなどを先生に知らせていたものです。

そのような経験もあり、私は日記でのやりとりを大切にしています。日記を読んだらそれに対してあえてコメントをせず、「後で詳しく聞かせてね！」とだけコメントをして返却することも多くあります。

日頃、教師との会話が少ない子とは、「ねえねえ、日記に書いてあった○○のキャラクターってさ……」「土曜日、おばあちゃんちに行ったんだね。そこでは……」などと、日記の内容から自然に直接会話が始められるように意識しているのです。

「なりきり日記」では、その子のテーマ設定にも人柄が表れて興味深いと感じています。また、なりきったものが他人や物だった場合、その子の心の中が記されることで、**相手への思いや物を大切にするよさを多面的・多角的に感じられるきっかけ**にもなります。だから、内容が素敵な日記は本人の許可（ときに家庭の許可）を得て、子どもたちに紹介したり、学級通信で他の子どもたちや保護者にも紹介したりします。

【なりきり日記の例】

　ぼくはつくえ。子どもたちがつくえの上にのるから「のらないで。いたいよ、やめて。」と思いました。それからお母さんもおこりました。こうさくをしてもなかなかかたづけてもらえないから、夕ごはんがおいてもらえなくてかなしかったな。でも、そのあと、ぶじにごはんを食べてもらえて、そうじをしてもらえたからピカピカ。とってもいいきもちです。

【夢日記の例】

　朝おきたら、竹ざわ先生になっていました。出されているれんらくちょうにハンコをおします。一時間目は国語の「スイミー」。話を聞いていない人がいてかなしいです。二時間目は○○先生の音楽なのでわたしは行きません。三時間目は算数で「長さ」のべんきょう。そろそろ終わるけどみんなわかったのかな。四時間目は生活。みんなのやさいが大きくなってきてうれしいです。給食を食べたらねむくなってきたな。目がさめたら、わたしはもとどおりになっていました。

日記は「ただ書いてもらう」だけでは、もったいない取り組みです。見方や活用の仕方次第では、教師と子ども、子ども同士、子どもと保護者の輪を広げ、つなげることのできる万能アイテムにもなりえます。

20

交換ノートで密につながる

私のクラスには、交換ノートが二種類あります。それぞれ目的が違います。

1．一対一の交換ノート

ノートを一人に対して一冊用意します。新しいものの用意が難しければ、既に購入している日記帳や道徳ノート、連絡帳などを上手に活用してもいいかもしれません。

私の場合は、B6サイズ（B5の半分）のノートを一人一冊用意し、一〜二週間に一回、提出してもらうシステムにしています。そこには、担任とその子が気軽に質問し合ったり、最近の出来事を知らせ合ったりしています。

この交換ノートを始めるようにしたきっかけは、場面緘黙《かんもく》の子と出会ったことでした。日頃、学校ではその子と言葉のキャッチボールを交わすことが難しかったので、何気ない会話ができることが、私はとても嬉しかったです。

他にも不登校の子や外国籍の子、識字が難しい子どもとは、定期的につながることができるようなツールにしていました。文字ではなく、イラストを描き合ったり、折り紙を貼り合って交換したりして、心を通わせることもありました。

この取り組みを学級全体で行うよさは、提出日を設けることで、**「先生と一対一でやり取**

りできる日」が必ずつくれることにありました。

私の学級では、曜日ごとに分けて提出する人が決められていますが、週に一回のやり取りでは満足できない子は、週に数回出すことも許可しています。特に、日頃は教師となかなか話すことができない子や、学校と家庭だと様子が大きく違う子などは、ノートを通して強くつながれるチャンスだと感じています。

また、書字が安定していない低学年の子どもたちにとって、楽しみながら文字を書く習慣にもなります。教師側の目標は「書かせること」ではなく**「書いて伝えたい」と思わせることだ**と思っています。

そのための一つの方法として挙げられるのが、教師によるお返事です。子どもたちはノートが返されるとすぐにお返事を確認する姿を見せます。それほど楽しみにしているのです。だからこそ、私は一言でも、教師側が**「あなたのことを知りたい」と思えるようなメッセージを添えて返却する**ように心がけています。

2．全員で回すリレーノート

二冊目は、クラスで一冊のノートをみんなで回す取り組みです。回す順番は、ノートの行き先がわかるよう、出席番号順にすることが多いです。

子どもたちはここに、自分がみんなにお知らせしたいことや聞いてほしい悩み事などを書いています。ルールは三つです。

①適切な表現（言葉やイラスト）を選ぶこと
②書いたら、一度担任に渡すこと
③このノートはクラスの友達限定なので無許可で誰かに見せないこと

リレーノートを始めたばかりのときは、何を書いていいのか戸惑う子がいるかもしれません。そんなときは、先生が率先して書いて場を温めることで、「参加してみたい」子を増やそうとしています。また、出席番号ではなく、まずは書いてみたい人から回してみてもいいと感じています。

全員の気持ちが整ったら自己紹介など、みんなが書きやすいテーマで一周目をリレーしてみましょう。

21

集団の成長を賞状に

一カ月や一学期に一度、無理のない範囲でチャレンジ期間を設けます。その間に集団としてよく頑張ったことや達成できたことがあったら、その成果を可視化する取り組みです。子どもたちと一緒に目標を決め、それを達成できたときや教師から見て「集団として成長したな」と感じたときに渡すといいと思います。いずれにせよ、**集団としてまとまっている姿を適切に評価したものを目に見える形として残したい**のです。

その方法の一つとして賞状を使っています。

例えば「時間をしっかり守れたで賞」「整理整頓が素晴らしいで賞」「ケンカゼロで賞」などです。集団として何か気になることがあった場合、教師側が「〜するように努力しましょう」「〜ができていませんので気をつけましょう」などと話すことでも、それらはきっと改善はされるでしょう。しかし、それだけではなく、**できている姿に目を向け、適切に評価していくことにもこだわりたい**と考えています。

特に、自分たちで決めたことができるようになったタイミングでの評価は、持続効果があると感じています。また、学年にクラスが複数ある場合は、隣のクラスがどのような内容で賞状がもらえたのかを知らせる場面をつくっています。学年集会などで賞状を渡すことで、お互いに集団としてのよい姿を知り合うことからよい刺激が生まれることを期待しています。

22

学びと努力の足跡を残そう

子どもに頑張ってほしい基準を示し、それがクリアできていたら、ノートやドリルの表紙に小さな丸シールを貼る取り組みです。丸シールは百円ショップなどで売っている、たくさん入ったカラーの物を使用することが多く、それが十枚貯まったら少し大きな絵柄シールがもらえるような仕組みにしています。

シールがもらえる条件は、ある程度教師側が設定し、それに**意識的に取り組むことで自ら学ぶ力を伸ばします。**条件の例として、自分なりの言葉や図、思考ツールなどを使用して考えが書けていること、漢字のお手本を見ながらポイントに気をつけて丁寧に練習していることなどが挙げられます。

自主学習に関しては、どのような内容でも、自ら取り組んできたら一ページあたりに一枚の丸シールを渡すようにしています。

ここで注意したいのは、シールをもらうことが目的になってしまうことです。**ノートから伝わる学びの姿や、それを継続するよさを子どもたちに伝えること**をセットで行うようにしましょう。丸シールの数は、自分が努力した数であることを視覚的に示しています。頑張って学んできた足跡なのです。よい内容のノートは、どんどん他の子どもたちに共有して学びの輪を広げていきましょう。

23

多様な意見を引き出すひと工夫

クラスがまとまっていくためには、多様な意見を出しやすい雰囲気が大切だと考えています。そのために考えをたくさん出したり、新しい考えを出したりできるようにしましょう。

考えをたくさん出せるようにするための一つとして、**ポイントをつける方法**があります。例えば、「春見つけをしてわかったこと、気づいたこと、思ったことを箇条書きします。1個書けたら1ポイントです」と言ってから、考えを書く時間を取ります。このような声かけは、「ポイントをたくさん貯めたい」という動機付けになります。「Aさんは三個かけています！」「なんと！　Bさんは4ポイントです！」というように、机間巡視しながら実況中継するとさらに盛り上がります。この活動を積み重ねていった後、**過去と現在の箇条書きの量を比較する時間を取ることも効果的**です。一人ひとりが自分の成長を実感できる機会になります。

また、新しい考えを出せるようにする方法として、**教師の言葉がけ**があります。「面白い！」「お宝意見！」「みんな違うからいいんだよね。みんな一緒だったらつまらない」など、新しい考えを出すことのよさが伝わるような言葉をどんどんかけていきましょう。

もし子どもから「Cさんが言うまで、気づかなかった」というような発言が出たら、思い切り褒めたいものです。

24

読み聞かせをしよう

学校で「本に親しむ時間」はありますか。私は週に二回ほどクラスで読み聞かせをしています。

はじめのうちは、教室の雰囲気に合わせて「メッセージ性のあるものにしたい」「みんなで笑い合いたい」「みんなでほっとできる時間にしたい」など、教師が願いを持って選書しています。そのうち、**子どもたちが様々なジャンルに親しみ始めたら、子どもたちからリクエストを募集し、その中から選書する**ようにしています。子どもたちの内面を探るきっかけになると感じているからです。ちなみに、私がおすすめする絵本は次の通りです。

【クラスに届けたい言葉】

新沢としひこ『はじめまして』(鈴木出版)
長谷川義史『いいからいいから』(絵本館)
ななもりさちこ『ちくちくとふわふわ』(CHICORA BOOKS)

【笑いでクラスをあたためたい】

サトシン『ま、いっか!』(えほんの杜)
あべけんじ『りんごりらっぱ』(福音館書店)
岡田よしたか『ちくわのわーさん』(ブロンズ新社)

25

担任以外の目も大切に

管理職や他クラスの担任、専科の先生からのクラスに対する評価も重要です。担任が感じているそのクラスのよさを再確認できたり、新たな課題に気づけたりするきっかけになるからです。

例えば、教頭先生から「子どもたちの聞く姿が素晴らしいね」という評価をいただいたとします。その後は、子どもたちに**「教頭先生がね、『〇〇力が素晴らしいね』と言っていましたよ。何かわかりますか？」**などと問いかけてみるといいでしょう。子どもたちはクラスのよさについて考えるきっかけになります。「担任以外に褒められることは、みんなの力が本物になっているということですよ。やったね！」というような言葉を添えれば、望ましい行動をさらに強化することができるでしょう。

また、音楽の先生から「授業中の私語が目立ちます」という評価をいただいたとします。その後は**「音楽の授業を後ろから見ていて、もったいないなあと思ったことがあります。何でしょう」**などと問いかけてみます。

子どもたちは案外、自分たちのダメなところに気づいているものです。どんなときに話したくなってしまうかや、そもそもなぜ私語はいけないのかなどについて確認をして、指導後のクラスの様子を見守りましょう。子どもたちの更なる成長につながるはずです。

26

つながりを生み出す自己紹介カード

子ども同士がつながりやすい自己紹介カード。低学年では、ぜひ取り入れておきたい活動です。

自己紹介カードの質問項目は、どの子でも書きやすいものを設定します。例えば、誕生日や好きな食べ物、好きな動物など。そこに加えて、**自分でテーマを選択できる「好きな〇〇」を一つだけ設定します。**そうすれば、一人ひとりの個性が出る自己紹介カードが完成します。

全員の自己紹介カードが完成したら、**自己紹介カードの内容に沿って、ペアトークをする時間をつくります。**自己紹介カードを掲示するだけではなく、自分のことについてできるだけたくさんの友達に紹介することを通して、友達との思わぬ共通点が見つかることもあるかもしれません。

「Aさんの誕生日、お母さんと一緒！」

「Bさんもお絵描き好きだから、私たちでイラスト係をつくろうと思っているよ！」

ペアトーク後には、このような新しい友達とのつながりに対する喜びやワクワク感を、子どもたちが伝えにきてくれることがありました。友達とのつながりは、クラスのまとまりの土台になります。たかが自己紹介カード、されど自己紹介カードです。

27

友達の言葉を指導に活かす

負けを受け入れるのが苦手なAさんがいました。例えば、百人一首で負けてしまうと、きつい言葉を選んでしまったり、ものに当たってしまったりすることがありました。

私は、「怒ってしまうくらい本気で取り組んでいたんだね。悔しかったね」と、その子の気持ちを受け止める言葉をかけたり、「きつい言葉を言いそうなときや、ものに当たってしまいそうなときは、リラックスゾーン（私の机）で休憩するようにしよう」と、代替行動を決めたりして感情をコントロールするトレーニングを積み重ねました。

二学期中盤には、怒ってしまう回数が減っていました。負けてしまっても「あ〜、負けたあ」とだけ呟いて、次の勝負に臨むようになりました。

そのような成長を感じていたある日、「最近Aさん、変わったね」と、私のところに話しにきた子どもがいました。そのことをAさんに伝えると、Aさんは「ほんと？　やったあ」と頬を赤らめていました。その週のAさんの日記には「怒らずに、楽しくなってきた」とだけ書いてありました。たった十数文字の日記からでも、Aさんの喜びが伝わってきました。

子どもにとって、友達の言葉が持つ力は絶大です。一緒に過ごしている仲間だからこそです。**子どもの言葉を指導に活かすことも大切にしながら、一人ひとりの成長を願い、日々過ごしていきたい**ですね。

28

移動教室の教師の立ち位置

子どもたちが並んで一斉に移動する場合、皆さんは担任としてどの立ち位置にいますか。

私は四月は前に立って連れていきますが、**徐々に立ち位置を後方へ変えていき、後ろから見守る形に変えています。**最終的には、子どもたちだけで移動できることを理想としています。先生が先導しなくては正しく廊下を歩けない、みんなでまとまって動けない、ということを望んでいないからです。それは、子どもたちも同じで「自分たちだけでできる」を、一つでも多く実感してみたいと感じているようです。

各自のタイミングで移動をさせる場合は、移動の仕方だけでなく、必ず移動先での行動を確認してから出発させるようにしています。見通しを持たせるためです。例えば、外に出たらどのように整列しておくのか、移動先の教室で何を準備して始業を待つのかなどです。

子どもたちに任せたら移動先でどうだったのかを聞いて、**うまくいったら褒め、うまくいかなかったら、理由を尋ねます。**よほどのことがない限り叱りませんし、教師の介入が必要ならしっかり指導に入ります。任せつつも、放任しないようにするためです。

一人ではうまくできない子どももいるでしょう。しかし、**子どもたちがお互いに声をかけ合い、確認し合うことで「できた」に変えることも大切**です。ちょっとした時間からでも立ち位置を意識してみませんか。

29

音読劇に取り組もう

国語の授業で音読劇を取り入れています。ほとんどの教科書会社が一番目の物語文教材として、音読での活動がしやすい教材を選んでいます。光村図書であれば「ふきのとう」、東京書籍であれば「風のゆうびんやさん」です。そのような教材を使った単元最後の取り組みに**音読劇を設定することで、物語の内容や登場人物の特徴に沿って、工夫して音読する意欲が増します。**

また、劇を完成させるためには、友達との協力が不可欠です。したがって、音読劇がクラスがまとまるために必要な力を伸ばすきっかけにもなります。

「ここは全員で読んだ方がいいんじゃない？」

「地の文だから、私はみんなから見えないところで読もうかな」

このように協力しようとしている姿が、どのグループからも見られました。

音読劇を**1年生に向けて発表することができれば、子どもたちの中により強力な目的意識が芽生える**はずです。「1年生にいいところを見せたい」「上手な音読の仕方を教えてあげたい」などの気持ちも学習に上乗せすることができるからです。

30

1年生と学校探検しよう

1年生の学校探検。可能であれば、2年生が付き添うことをおすすめします。学校探検は、校舎にある教室や設備を見て回るイベントです。どうすればうまくいくかを考えることを通して、子どもたちが相手意識をもって活動に臨むことができます。

まずは、**1年生のときにしてもらって嬉しかったことを伝え合います。**「優しくゆっくり教えてくれた」「歩くスピードを合わせてくれた」「質問を聞いてくれた」など、自分たちが経験したことが出てきます。すると、1年生に向けて心がけるべきことが自分たちの経験からはっきりとしてきます。

次に、打ち合わせです。誰がどこの教室や設備について説明するかを決めたり、説明の仕方を練習したりします。「クイズにして、説明してもいいですか？」といったアイデアが出てくることがありました。教師は、このような**目的を達成するために工夫しようとする姿勢をどんどん褒めていきましょう。**そうすることで、褒められたグループはもちろんのこと、そうでないグループに対しても、目的に向けて行動することのよさを伝えることができます。

学校探検後は「喜んでくれてよかった」「ああしていればよかった」という声が聞こえてきます。このようなグループでの経験は、その後のまとまりを生み出す大事なきっかけになります。

31

つながり広がる！　ペアトーク

クラスがまとまるために、子どもたちが**いろいろな友達と一対一で関われる時間をつくります。**よく遊んだり、話したりする友達だけではなく、一緒に過ごすことが少ない友達とも関わる時間をつくることで、新たな関係性が生まれるきっかけになります。多様な関係性は、クラスのまとまりをつくるための土台になります。

一対一で関わる時間の一つとして、ペアトークをおすすめします。**三十秒ずつ交代で、テーマについて考えたことを伝え合います。**ペアトークの聞き手のルールは、三十秒間話を聞き続けることです。途中で気になることがあっても、話を遮ることは認められません。もし話題が尽きて、話し手が黙ってしまっても静かに待ってもらいます。時々ペアトーク後に感想を聞くこともおすすめです。「目を見て頷きながら聞いてくれて嬉しかった」「黙っちゃっても、静かに待ってくれてほっとした」という言葉が聞こえてきました。

ペアトークに慣れてくると、子どもたちの方から「もっと時間を延ばしてほしい!」「質問したい!」と言ってくることもあるでしょう。もしそうなったら、クラス全体の実態を踏まえた上で、子どもたちの願いを段階的に取り入れていくことにしています。

【テーマ例】

好きな食べ物、好きな番組、YouTubeチャンネル、習い事、楽しみにしていることなど

32

クラス会議の進め方

クラスがまとまっていくためには、子どもたち同士で話し合うことを通して課題を解決したり、物事を決めたりできる時間を積み重ねていくことも大切です。そのような時間をつくるために、クラス会議という取り組みをしています。

クラス会議とは、**クラスの課題やイベントなどについて、子ども全員で話し合う会議のこと**です。具体的には、教室で椅子を輪になるようにして並べて話し合います。議題は、クラスの中で困っていることや、普段の生活で悩んでいることなど様々です。議題にしたいことは、議題箱を設置して、いつでも投函できるようにしています。

クラス会議の進め方は、次の通りです。

①Ｈａｐｐｙ・Ｔｈａｎｋ ｙｏｕ・Ｎｉｃｅ（最近あった嬉しかったこと、ありがたいと思ったこと、素敵だなあと思ったことについて話す）
②議題を決める
③議題について話し合う
④クラスで結論を出したり、一人ひとりが今後の行動目標を決めたりする

教師も輪の中に入って座り、話を聞きます。時には話を整理するために板書したり、発問したりします。慣れてきたら子どもたちの中から書記や司会を立てるのもおすすめです。

33

多数決だけで終わらせない

クラス会議で、二学期のお楽しみ会の内容を合意形成しているときのことです。「では、人数が多いので、今度の遊びはドッジボールでいいですか」と司会の子が尋ねると、多くの子は「いいです」と答えました。そこで私は、**「本当に人数の多さだけで決めてしまっていいのかな」**と割り込みました。二十五人が賛成していたけれど、十人の子どもが反対していたのです。ここでの対話が一番の山場になり、今後のクラス経営の軸になると感じました。

その後、数人の子どもが反対意見を述べました。「一学期もドッジボールをやったから」「硬いボールだと怖いから」「全然ボールが触れなくてつまらないから」といった理由です。すると、「時間を分けてドッジボールと、もう一つ別の遊びをするのはどうかな?」「ボールを柔らかくしたらどう?」「みんなが触れたらポイントをプラスするルールはどう?」といった代案を述べる子が次々と出てきました。

このような経験から、**少数意見も大切にすることで、よりよいアイデアが生み出されることの素晴らしさ**を伝えています。これは、マイノリティな考えをマジョリティの圧でつぶさない意識を持たせるきっかけにもなる、集団として生きていく上での大切な視点でもあると考えているのです。あのまま、多数決だけに頼りドッジボールをさせていたらどうなっていたでしょうか。

34

ピンチはチャンス

ケンカをきっかけに、教室がどんよりとした重たい空気になってしまうことがありました。体育でチーム戦をした後です。

「赤組はずるしてた！」「してない。白組が頑張ってなかったんでしょ！」「違う！　あと負けた後、バカにしてきた！」と言い合いになりながら教室に戻ってくることがありました。

眉間にしわを寄せている子、泣いている子、落ち込んでいる子を励ます子、何やら相談している子、無関心そうな子など、子どもたちはいろいろな表情をしていました。次の授業が始まるチャイムが鳴っても、一向に空気感が変わることはありませんでした。

そこで私は、「話したいこと、あるんじゃないの？」と問いかけました。**すると子どもたちから「はい」「クラス会議で話したいです」と返ってきました。**時間割を調整して、クラス会議を開けるようにすると、子どもたちは、ささっと輪になって、それぞれが自分たちの思いを話し始めました。最終的には、「勝ったとき喜びすぎない」「審判（先生）を信じる」「自慢するタイミングを間違えない」などの行動目標を立てていました。

できれば、子どもたちには仲良くし、多くの時間を笑顔で過ごしてほしいものです。しかし、ピンチはチャンスです。実際にこのクラス会議の後、子どもたちの言葉の使い方や行動に少しずつ改善が見られました。

35

スピーチタイムで相手意識を

一分間スピーチを取り入れています。話す・聞くを成立させるには、相手の存在が必要不可欠です。全員が話し手と聞き手の双方を経験することで、相手意識を育むことを目的としています。

Aさんは、伝えたい内容を簡潔に話すことが苦手でした。授業中の発言なども、思いついた順に次々と話してしまうので文脈がバラバラです。結局、何が言いたいのか、友達に理解してもらえないことが何度もありました。それでも友達に伝わらなくても平気なようです。

そこで、スピーチタイムでは、**ピラミッドチャートを利用して、話の内容を組み立てて話す練習**をしました。それを繰り返しているうちに、具体を入れながら簡潔に話せるようになってきました。

Bさんは、人の話を最後まで聞くのが苦手でした。そこで、**話し手にコメントカードを送るシステム**を取り入れてみました。話し手は「自分のことを知ってほしい、聞いてほしい」という思いを持って語っています。それに対し、感想を書いて渡すのです。

ある日のスピーチテーマが「好きな給食のメニュー」でした。友達のCさんが発表していたメニューは、Bさんも大好物だったようです。コメントカードには「ぼくもあげパンが大すきです。おいしいよね。こんだて表に書いてあるとわくわくするという気もちもいっしょだよ。」と書いていました。そのカードを受け取ったCさんは、ニコニコしていました。

36

全員にリーダー経験を

皆さんの学校では、日頃子ども一人ひとりにスポットが当たる機会はありますか。私は毎日当番が変わる「日直当番」や「学びのリーダー」のシステムを大切にしています。

【日直当番】

日直当番は、**朝の会の司会進行や授業の号令、給食の挨拶、先生のサポートなどの役割**を担ってもらっています。私のクラスでは、朝の会などの司会では「必ずこれを言いましょう」といったセリフはきっちり決めていません。

ただし、何も基本がないと話すときに困る子どももいるので、話をするメニューや順番は統一しています。それ以外は、**その子なりの言葉で語るようにしてもらう**ことで、日直当番以外の子どもたちが、その子（個）らしさをキャッチするチャンスにしたいと考えているのです。

給食挨拶のエピソードを例に挙げてみます。

「今日はお魚が出ます。小さな骨に気をつけて食べましょう」や「今日は準備がとっても早かったので、ちょっとのんびり食べられます」などと言葉を付け加えてから、いただきますの合図を出してくれる子がいました。

担任である私が伝えると、小言のように捉えられてしまいがちですが、子どもが発する言葉になると、それは魔法のようにしっかり染み渡るので不思議です。

また、「今日は○○がたくさん余っています。モリモリおかわりしましょう」と言う子がいたときは、クスクス笑顔が見られて「は〜い！」と元気な返事がくることもありました。実際に、その日はいつもより残飯が少なかったです。

次に、移動教室中のエピソードです。日直さんが先生の代わりにクラスのメンバーを整列させ、先頭に立って連れていったり、自習の内容をお知らせしたりしています。

あるとき、「忍者のように静かに行きましょう」と言っている子がいました。これは四月当初から私が子どもたちに伝えている言葉です。その子は、私になりきって先生役をし、責務を果たそうとしているようでした。「ことばがけを吟味する」で大切にしていることが伝わっているように思えて嬉しかったです。

【学びのリーダー】

学びのリーダーは、**グループ学習の際に司会をしたり、話し合ったことを発表をしたりと、学習活動のリーダーシップをとる役割**があります。一斉学習で協働する際も、そのリーダーから発言をスタートすることで、なるべく全員に発言の機会を与えるようにしているのです。これも日替わりで全員が役割を担う仕組みになっています。

このような日直当番や学びのリーダーに当たった子どもは、言うなれば、その日の「ミニ先生」です。順番にリーダーとして先頭に立つ経験を積むことで、指示を出す難しさを知ったり、協力してくれることのありがたさを感じることもあります。

重要なのは、**全員がその苦労を経験したり味わったりすること**だと考えています。そうすることで、他者意識を育むねらいを持っています。

実際に「日直さんが前に出ているよ」と声をかけ合って、静かをつくり合うことばがけが増えてきます。

何でもかんでも先生が前に出るのではなく、一歩二歩引いてみて子どもたち同士のやり取りに注目してはいかがでしょうか。最初はうまくいかないことも多々あると思いますが、一つ一つ解決しながら取り組むことで、次第に集団として力が伸びていくと信じましょう。

37

学びを紡ぐ掲示物

私が以前いた勤務校には、教職員による日直当番システムがありました。自分がその担当になったときは、戸締りをしに各教室を訪問しながら教室環境を学ぶことを楽しみにしていたものです。教室環境を見ると、そのクラスの暮らしの様子や学びの足跡、歴史が感じ取れます。各教室、彩りや空気が全く違うので面白いです。その中でも掲示物はその印象を強くしているように感じています。

私は担任の先生が一生懸命作る掲示物ももちろん素敵だと思っています。しかし、**子どもたち一人ひとりが関わって作ったものには、その裏に見え隠れする物語を感じ取れる**ので大好きです。そしてそれは、作った子どもたち自身の心にも残るようです。掲示後の子どもたちの顔つきや発言からそれがわかります。

クラスの子どもたちと学びを紡ぎ合った掲示物を二つ紹介します。

【学級目標～一人ひとりが一文字に思いを込めて】

学級目標には、いろいろな形があります。三つの柱（学習・生活・運動）に沿って立てたり、スローガンにしたり、キーワードを集めたり、あいうえお作文風にしたり。**どのような形であっても、私は子どもたちに「みんなでつくる」ことにこだわり、「みんなでその目標に向**

かって頑張る」気持ちを大切にしようと伝えています。

ある2年生のクラスでは、スローガンにして学級目標を立てることに決まりました。スローガンそのものを決めるにも何度かクラス会議が開かれ、丁寧に言葉を紡いできました。それらをどのように掲示するかという話し合いになった際に、子どもたちから「一人一文字書くようにしようよ」と意見が出て、そのように決まりました。一文字あたりの大きさだけ教師が提示し、あとは子どもたちに任せました。すると、好きな文字を順番に取っていき、カラーペンで色を付け始めたのです。自分の文字を書くときには、隣の文字を書く友達のデザインを覗いて「Aさんが黄色だから私は赤にしようかな」とか「Bさんの囲み方いいね。まねしてもいい？」と会話をしながら描いていました。

でき上がった学級目標を飾ると「あ、僕が書いたのはあれだよ！」「○○さんが書いた字いいね！」と伝え合っていました。授業参観では、おうちの人にもそれらの文字を指差して説明する子もいるほどでした。

【水泳記録〜一人の頑張りを集めて、楽しい水槽を作ろう】

2年生の体育「水遊び」の学習掲示です。「楽しく水慣れをしてほしい」という願いを持って、全員参加型の学習掲示物を作ることにしました。教師は水槽に見立てた大きな水色の色画用紙に、折り紙で折った魚やカニなどの生き物を貼り付けます。

後は、様々な色や大きさの丸シールを用意して準備完了です。シールが貼れる条件を示し、授業中に目標を達成したらシールを貼ってもらいました。学習カードで一人ひとりの泳力を記録していくこともいいですが、水慣れの経験や泳力に差があるので、**みんなで学びの場を共有した方が楽しくなるのではないか**と考えたのでした。

「今日ね、水に顔がつけられたから、この色の泡（シール）貼ったよ」

「ワニ歩きと水中じゃんけんができたから、合わせて3ポイントゲット！　3枚貼れたよ」

「見てみて！　○○ちゃんと○○ちゃんと一緒にシールをつなげて、お魚さんのぶくぶく作ったの！」

など、子どもたちは、とっても嬉しそうでした。それを知って、同じ学びをするにしても、子どもたちがつながるだけでこんなに笑顔と会話が増えるものなのかと気づけた私も嬉しくなったのでした。

この丸シールは泡に見立てているので、単元学習が終わる頃には、魚やカニがいる水槽に、たくさんのカラフルな泡が貼られていました。

38

「やりたい！」を引き出す掲示物

月に一回、**折り紙で季節に合った作品を作る**ようにしています。例えば、四月ならチューリップ、五月なら鯉のぼりです。作り終わった後に教室に掲示すると、子どもたちは「私のだ！」「いい感じだねえ」と、ニコニコしながら作品を見上げます。

七月の作品に取り組んでいるときに、お題にしていた七夕の作品を作り終えた後、「先生、余っている画用紙で天の川を作っていいですか？」と言ってくる子がいました。「いいよ」と伝えると、子どもたちは大喜び。「天の川、何色を使ったら綺麗になるかな？」「大きさどうする？」「私、織姫と彦星作る！」「じゃあ、僕らはこっちで流れ星作りまくろう！」と、天の川を完成させるための打ち合わせが始まりました。どんどん天の川づくりに参加する子どもが増えていき、共通の目的を達成するために各々が制作に取り掛かっていました。

完成した天の川は、畳一つ分ほどの大きさになりました。教室に掲示すると、子どもたちからは大歓声が上がりました。クラスみんなで達成感を味わうことができた瞬間でした。

その後、ハロウィンやクリスマスの掲示など、自分たちで掲げたテーマをもとに季節の掲示を作っていくことが増えていきました。**みんなでまとまって取り組むことのよさと喜びの積み重ねがあったから**だと思っています。

39

誕生日の祝い方

誕生日はとても大切なイベントです。誕生日をお祝いすることを通して、**「自分のことをお祝いしてくれて嬉しい」「自分もお祝いしたいなあ」という思いを持てるきっかけになる**からです。友達に大切にしてもらえているという感覚や、友達を大切にしたいという感覚は、クラスのまとまりの土台になると考えています。ここでは、誕生日をお祝いするためのおすすめの方法を三つ紹介します。

1．バースデーソングを歌おう

朝の会が始まる前に、みんなでバースデーソングを歌います。私の教室にはウクレレを置いているので、私はウクレレを弾きながらみんなと歌を歌っていました。「僕も弾いてお祝いできるようになりたい」と言ってくる子もいました。友達に喜んでもらうために練習する子どもの姿は、想像するだけでも心がポカポカしてきませんか。

2．記念写真を撮ろう

「写真撮るよ」と伝えた後、記念の集合写真を撮ります。子どもたちは教室に置いているぬいぐるみや楽器、バースデーグッズを手にして、ポーズを決めています。お祝いのメッセージャイラストをかいた黒板を背景にして、撮影してみるのもいいでしょう。写真は印刷して、誕生日の子どもにプレゼントします。とても喜んで受け取ってくれるはずです。なかには宝物として、家の廊下や自分の部屋に飾っている子もいるそうです。

3．みんなでできるレクリエーションをしよう

誕生日の子どもが選んだ遊びをするのもいいですが、勝敗がつかず繰り返し遊べるものがおすすめです。例えば、なんでもバスケットの応用「思い出バスケット」です。学校での思い出をお題にして、当てはまる人が動きます。「思い出バスケット！」と言われたら全員が動きます。他にも、お絵かきしりとりもおすすめです。絵を描くことが苦手な子は文字を書いてもよいなど配慮すると「みんなで楽しむ」ことができます。

このような方法でクラスみんなで誕生日をお祝いすると、温かい空気が教室に流れます。それに、様々な一面が見えてくることもあります。

誕生日をお祝いしてもらう子どもの中に、恥ずかしがり屋のAさんがいました。Aさんは授業中も友達と遊んでいるときも声がとても小さく、耳を澄ましてようやく聞こえるほどの子どもです。そんなAさんの誕生日の朝、もじもじしながら、「私も写真、撮ってもらえる

んですか？」と私に話しかけに来ました。「もちろん撮るよ！　身につけたいバースデーグッズがあれば、選んでおいてね」と伝えると、微笑んで席に戻っていきました。

朝の挨拶を終えた後、複数の子どもたちが「先生！　今日はAさんの誕生日です！」と話していました。私は友達の誕生日を把握している子がいることに喜びを感じつつ、「せえの！」というかけ声をかけ、みんなでバースデーソングを歌いました。子どもたちの明るい歌声とウクレレの柔らかい音がAさんを包みました。Aさんはニコニコしながら体を左右にゆっくりと揺らしていました。

写真を撮るときには、「待ってました！」と言わんばかりに、たくさんの子どもたちが集まってきました。「Aさんの横がいい！」「私も入れて！　一緒に写りたい！」という声が聞こえてきました。Aさんを真ん中にして、満面の笑みを浮かべている子どもたちがぎゅうぎゅうになっているところを写真に収めると、こちらまで幸せな気持ちが伝わってきました。

下校前、撮影した写真をAさんに手渡しました。「ありがとうございます」という声は、いつも通りのAさんでしたが、**ルンルンとスキップをして帰っていきました。**恥ずかしがり屋のAさんでも、「このクラスでよかった！」と思えるような日々を、今後も子どもたちとつくっていきたいと思えた瞬間でした。

40

体育で安心安全づくりを

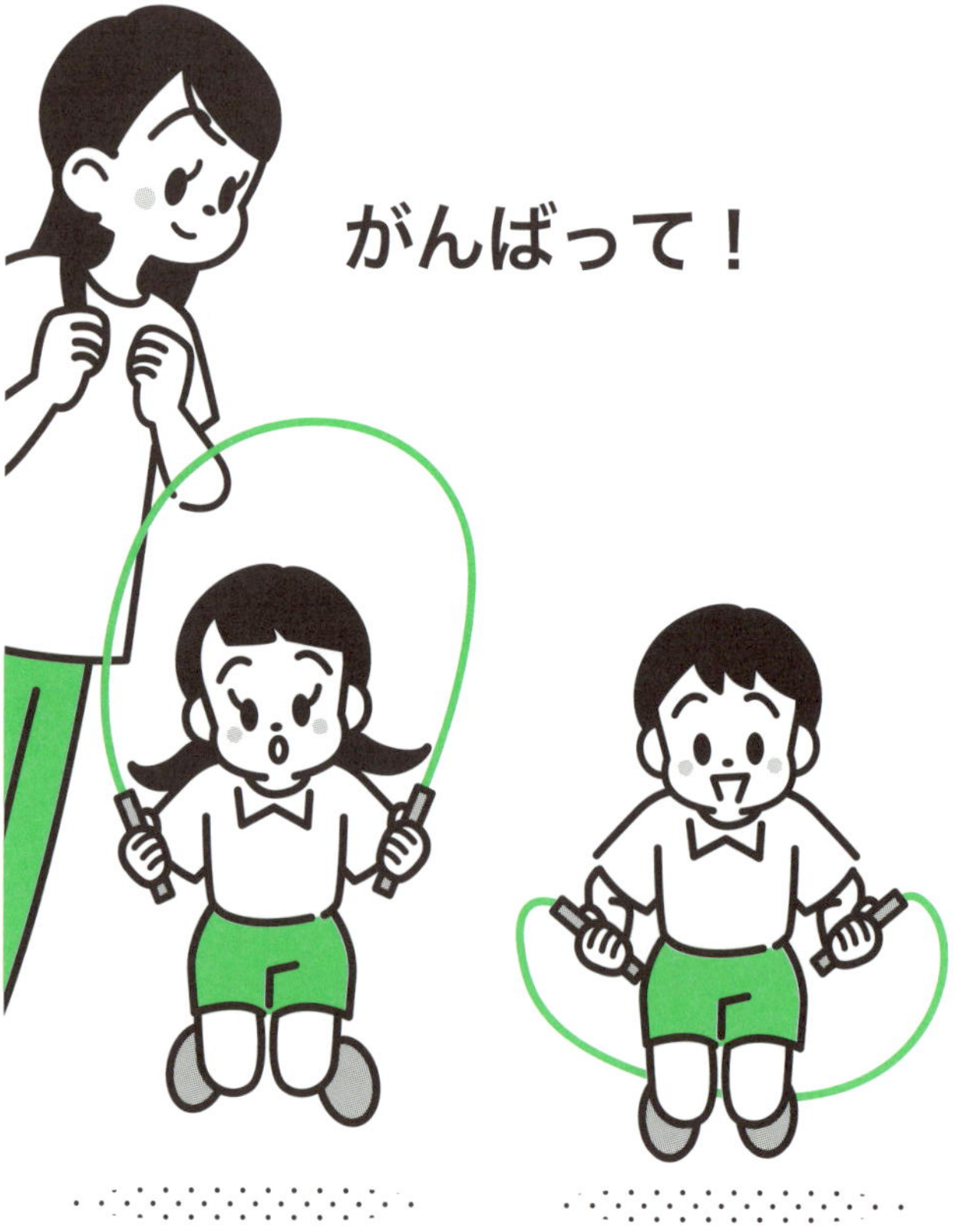

体育の時間は、他の教科に比べ、思い切り体を動かすことができる唯一の時間になります。また、ほとんどの授業の中で、整列したり準備や片付けをしたりする場面がつくれます。そのため、規律を整えたり、安全確保をしたりすることができる貴重な時間にもなるのです。ここでは、私が「心の解放」「安全づくり」を目指して取り入れている体育の帯活動を紹介します。

【体と心を解放！ 縄跳びタイム】

体育授業の導入では、ほとんどの時間で縄跳びを行っています。2年生の単元としてなわとびをするのは三学期であることが多いのですが、四月の段階から帯活動として取り入れていきます。跳びやすい曲を集めた「縄跳び専用のリスト」を作って音楽を流しています。音楽がかかると、子どもたちは自然と友達と輪になって縄跳びで遊び始めます。私はこの活動を入れることで、よさを二つ感じています。

一つ目は「跳ぶ」ことで**体や心を「整える」効果を狙える**ことです。ジャンプの着地後に両足の骨に衝撃が加わり、骨からオステオカルシンという特殊なタンパク質が分泌されます。オステオカルシンは、脳の発達に重要な役割を果たしていると言われています。

二つ目は、縄跳びの上達は**足の速さに関係なく積み上げられる**ことです。どれくらい上達したのかが、回数の増加や技の幅が広がることで目に見えてわかります。マットや跳び箱、遊具などの活動も足の速さには大きく影響されないですが、縄跳びは、外でも中でも、学校でも家でも、場所を選ばずに手軽に練習できるところが最大のメリットではないでしょうか。

過去に受け持った子どもの中には、走るのがあまり得意ではない支援級の子どもが、クラスで持久跳びの記録ナンバーワンになったことがありました。その子がチャンピオンになったときは、まわりの友達も大きな拍手をしてとても喜んでいました。毎日のように、練習に励んでいるのを知っていたので、私も嬉しかったです。

【仲間と安全をつくる！　準備と片付けタイム】

体育の授業準備は、誰がしていますか。もし、先生がするとしたら、その間、子どもたちは何をしていますか。

私は2年生はもちろん、1年生であっても子どもたちにも一緒に準備をしてもらうようにしています。それは、**運動の場づくりを自分たちですることが、安全づくりの第一歩**だと考えているからです。

例えば、マット遊びの授業をするときは、四〜五人グループで一枚のマットを用意してもらいます。小さな子どもたちにとってマットの持ち運びは大変ですが、正しくみんなで持てば、簡単だと子どもたちは気づきます。それと同時に、危険な運び方をするとどのような怪我につながりそうか、道具が傷みやすくなりそうかも考えやすくなります。

また、マットの端を体育館のどのラインに合わせて置けばいいか考えることで、活動をするときのスタート位置が整うことにも気づくことができますし、マットとマットの間の距離を意識しておくことで、試技が終わった後の戻るルートに見通しが持てるようになります。これらを教師がすべて準備してしまうと、このような気づきを奪ってしまうことにもつながるのです。

そもそも、私は、体育で使用する道具の種類やその多さ、場所を知らないまま体育を学ぶことがもったいないと考えています。慣れないうちは「子どもに準備させるのは余計な指導が増える」「教師が準備してしまった方が早い」と感じるかもしれませんが、慣れてくれば準備や片付けが早く、そして上手になってきますし、その後、声をかけなくても整列するようになっていきます。これもまとまりのある姿の一つと言えるのではないでしょうか。

41

バディ・トリオシステムで安心感を

私は子どもたちに、自分のことと同じくらいクラスの友達のことを大切に思える関係になってほしいと願っています。そのため、**授業中には「確認する」時間を多く取るように意識しています**。それが二人組で行う「バディ」、三人組で行う「トリオ」システムです。

このシステムは様々な場面で取り入れることができます。例えば、健康観察です。健康観察にはいろいろなやり方があります。教師が一人ひとり呼名をして返事をしてもらう方法や、出席番号順にリレーのようにして名前を呼び合う方法などです。そこにバディやトリオでその日の様子を確認し合う時間を設けることもあります。すると、「今日の○○さんはいつもよりも元気がない気がするな」「今日の○○さんは、何だか声が大きいな。いいことがあったのかな」など、**相手意識を持って健康観察に取り組む**ことができます。

また、授業の準備物を確認するときにも取り入れています。机の上に出ているものがお互い揃ったら「いいね！」「ＯＫ！」などと言って着席したり、ハイタッチやじゃんけんをしたりしています。

他にも、体育の整列が完了したとき、移動教室時などでもこのような時間を取ることがあります。先生がいなくても、子どもたち同士で声をかけ合ったり助け合ったりできる関係があるのは、安心感につながると考えています。

42

時には緊張場面も

達成感を存分に味わったり、友達の成功を称え合ったりすることも、クラスにまとまりを生み出します。そのような場面をつくるために、緊張感を高める取り組みを始めるのはいかがでしょう。

例えば、暗唱です。

暗唱教材は、詩や説明文、九九など何でも構いません。合否の基準は、詰まらずにすらすらと言えるかどうかにしています。一文字でも間違えたり、詰まったりしてしまったら不合格です。**これくらい全員にとって難しいレベルにするからこそ、ピーンとした緊張感を教室に生み出すことができます。**

そして、合格した後の喜びもひとしおです。合格した本人だけではなく、暗唱を見守っている子どもたちからも驚きの声や拍手が聞こえてきました。なかでも、不合格が続いていたり、発表が苦手だったりする子が暗唱に挑戦し合格すると、「わー！　すごい！」「おめでとう！」と大歓声が上がりました。これらは、子どもたちが一緒になって成功をお祝いし、クラスにぐっとまとまりが生まれる瞬間と言えるのではないでしょうか。

他にもテストや体育などでも、互いの努力を称え合う姿を見ることができます。難易度を調整して緊張感を高め、思い切り喜べる取り組みを始めてみませんか。

43

係活動で「好き」を形にしよう

当番活動と係活動は違います。当番活動は、学級にあった方がシステムがうまく回るものです。日直、給食、清掃などがそうです。一方で係活動は、なくてもいいけれど、あった方がクラスが楽しく、豊かになるものだと考えています。お誕生日、イベント、新聞、モノマネ、折り紙、お笑い、クイズなどです。

私のクラスの係活動は**全員がどこかに所属し、二週間に一回は活動する**ようにしています。イベントの企画は自由で、教師が承認したら実施できます。

例えば、室内ゲーム係はもぐら叩き大会を催していました。工作が好きな子どもたちが集まって、段ボールやペットボトルを再利用して遊び場を作っていました。参加する子だけでなく、係の子にも笑顔が見られました。

係活動がうまくいくポイントは**無理にやらせようとしない**こと、詰め詰めにして頑張りすぎないことだと考えています。まずは、子どもたちがやってみたいことからゆるやかに活動をしてもらいましょう。「好きなこと」へのエネルギーはものすごいです。教師は見守り役になり、子どもたちが主体となって活動できるようにフォローしましょう。

44

係活動で任せてみよう

係活動を進めていると、時には「え？」と思うような提案をしてくることもあります。例えば、お笑い係の子どもたちが、「お楽しみ会で、みんなの前でお笑いをしたい！」と言っていました。お笑いを成立させるには、ネタづくりや練習が必要になります。しかも、お楽しみ会当日までに準備が間に合わなければ、プログラムに穴を空けてしまうことになります。正直、「そんなことが本当にできるの？」と心配になりました。

しかしその後、その子たちを見守っていると、休み時間にお笑い係を集めて、ネタづくりを始めていました。それも本人たちは本当に面白そうに準備していたのです。登場の仕方や立ち位置、決めポーズまで話し合っている姿を見て、驚いたのを今でも覚えています。

本番では、大笑いをかっさらっていきました。お笑い係が考えた決めポーズは、クラスで大流行し、しばらくの間はそれをまねする子が絶えませんでした。

やりたいことがあるということは、子どもたちにとって大きなエネルギーです。子どもたちの提案を聞いて、不安に駆られることもあるでしょう。しかし、そういうものに限って、案外子どもたちが乗り越えてしまう壁なのかもしれません。**いつでも声をかけられる準備はしつつ、見守って応援することも、私たちの大切な役割**だと言えるのではないでしょうか。

45

他者理解を促すブックトーク

2年生でも簡単に、そして意欲的に取り組めるブックトーク。一冊の本を軸にあらすじや読みどころをお互いに紹介し合っています。取り組みの導入は、国語の授業で学習した最初の教材を扱った方がスムーズかもしれません。私は光村図書の「スイミー」を学んだときに並行読書をしていた「レオ＝レオニ」の作品から一冊選ぶところから始めました。

このように物語にジャンルを絞ったり、同じ作家さんの作品に限定したりすると最初の指導がしやすいです。活動に慣れてきたら、それらの条件を一つずつ変えたり緩めたりして自由度を高めた選書にしています。

ブックトークのいいところは、**自分の読みや魅力を語ることがベースになっているので、正解や不正解のないところ**だと考えます。子どもたち一人ひとりの選書を通してその子自身の趣味がわかったり、読みどころの注目点から読みの違いを楽しんだりすることができます。つまり、**他者理解をするための一つの手段にもなる**のです。

ブックトークをすることで本と関わる機会が増え、自然と選んで使える言葉が豊かになるところも魅力です。子どもたちは、友達とブックトークができることを楽しみにしています。回数を重ねるごとに話し方も聞き方にも成長が見られますので、よりよい話し手や聞き手を育てる意識を持ちつつ、子どもたちをつないでいけるように声をかけていきたいですね。

46

「できた！」を貯めるハート貯金

名前の通り「自分たちでできた！」ことを集めて貯めていく取り組みです。「素敵だな」と思える行動が見られれば、百円ショップで売っている**ハートの緩衝材を透明ボトルの中に入れて**いきます。

ポイントが入るメニュー（条件）は担任が決めることから始めますが、そのうちクラス会議などで出たクラスの課題をメニューに組み入れるとよいでしょう。

私のクラスで決まった、ポイントが入るメニューの一例はこちらです。

①「給食のいただきますが○時○分までにできる」

②「朝の学習タイムを静かに頑張る」

③「下校後の落とし物が三個以内」

いずれも、もとは「給食を食べる時間が足りない」「先生がいないときにうるさくなる」「落とし物や忘れ物が多い」という問題点からできたメニューです。教師の方から「〜しましょう！」「〜でないといけません」という言葉がけはマイナスに捉えられてしまうこともあります。しかし、このハート貯金では、みんなでできたら「ハートポイント」が入るので、**プラスに捉えやすくなる**ところが特徴です。ボトルいっぱいにハートが貯まったらどうするのかは、ぜひ子どもたちと一緒に決めてくださいね。

47

音楽の力を使おう

クラスを盛り上げ、まとめるには、歌の存在も大きいです。楽曲は子どもたちが好きな曲を募集し、タブレット端末をBluetoothスピーカーにつなげて、それらを順番に流しています。使用するのは、体育の準備時間やドリル運動、帰りの会のランドセル準備や当番活動中などです。子どもから集まるのは、だいたい流行りの曲ですが、それ以外にも**学年や学級のテーマソングと言えるようなものを一曲用意して、ことあるたびによく歌っていました。**私が2年生の担任をしたときは、ディズニーの「アナと雪の女王」のテーマソングやＷＡＮＩＭＡの「やってみよう」が選曲されていました。

なかでも印象的なエピソードは、人前で話すのがあまり得意ではなく、授業中は小さな声で話す子が、テーマソングをかけると大きな口を開けてのびのびと踊りながら歌っている姿を見かけたことです。内心驚きましたが、違った一面も見られてとても嬉しかったです。

運動会や学習発表会などで学年として使用した曲にも愛着が生まれやすく、同じ効果があるかもしれません。**「こんな言葉を知ってほしい」「こんな願いを持っている」など、教師の思いが乗っていても素敵**です。学年や学級のみんなで歌うことのできる曲を見つけてみてはいかがでしょうか。

48

子どもとつくるお楽しみ会

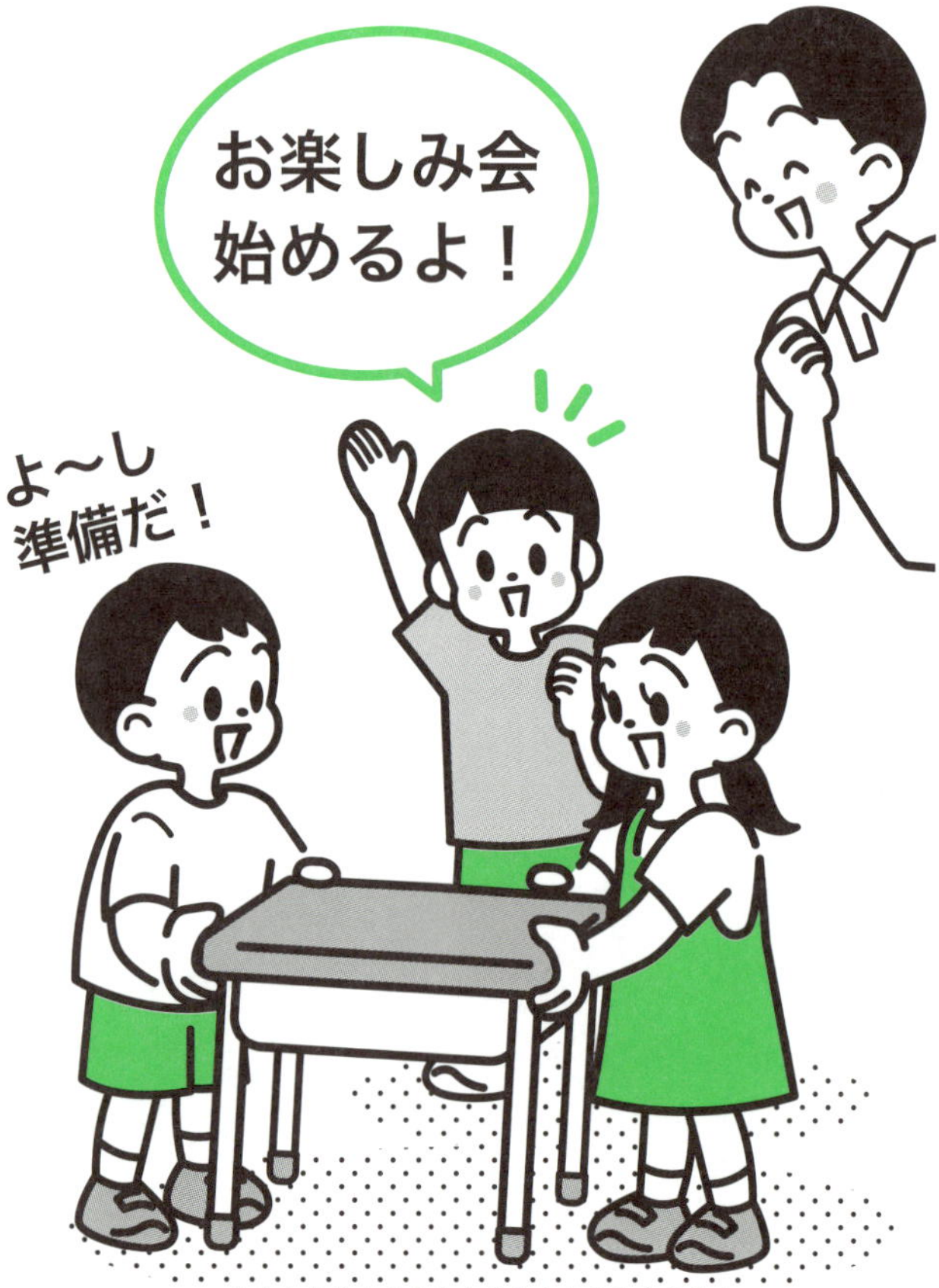

皆さんのクラスでは、お楽しみ会を開いていますか。私は、子どもたちがお楽しみ会の企画をしたり、運営したりすることを大切にしています。

お楽しみ会を企画する場面では、みんなでアイデアを出し合ったり、全員が楽しめるようにするための工夫を考えたりする姿を見ることができます。「多数決で決めよう」「この前、ボウリングできなかったから、ボウリングを入れてもいいと思うんだけど……」というように、**子どもたちがお楽しみ会をよりよくするために言葉を交わす場面が生まれました。**

お楽しみ会を運営する場面では、回数を重ねるごとに、スムーズに会が進行できるように声をかけ合ったり、素早く行動したりする姿を見ることができました。

例えば、「大根ゲームから始まるから、机下げておこう！」「お笑い始まる！　座って待っとこう！」と声をかけ合いながら、支度を進めていくといった姿です。

一方で、「準備する時間が足りなかった……」「誰から始めるか順番決めてなかった……」といった呟きも聞こえてくることがありました。子どもたちと共にお楽しみ会をつくることで、こういった次につながる気づきも得ることができます。

49

振り返る時間をつくる

作文やクラス会議などで、定期的にクラスのことについて振り返る時間をつくりましょう。クラスのよいところや課題、子どもたちの願いを引き出すことができます。

「新しいクラス、どんなクラスにしたい？」「一学期の間、黒板はあなたたちを見ていました。黒板になったつもりで、このクラスの一学期の出来事について書いてください」などといったテーマを設定することをおすすめします。

作文であれば、読み合ったり、学級通信に載せたりして、子どもたちの考えを共有できるようにしましょう。

「1年生の友達と別のクラスになってドキドキしたけれど、新しい友達ができました。みんなと一緒に楽しいことがしたいです」「『早く二学期にならないかな。楽しいクラスだから夏休み中、さみしい』と黒板が言っていると思う」「先生ばかりを頼りにしないで、自分たちで解決できるようになってきた」「自分たちでお楽しみ会を企画できるようになってよかった」といった、子どもたちの率直な思いを汲み取ることができました。

教師から言葉を届けることも大切です。しかし、このように、**子どもたち同士でクラスのことについて振り返り、言葉を交わす時間をつくること**も重要です。

50

子どもたちと作る学級通信

私の学級通信は、今どき珍しく手書きです。そして、「子どもたちと一緒に作る」ことにとことんこだわっています。**日常の文章や写真だけでなく、子どもたちにタイトルや挿絵、係からの紹介などを書いてもらいます。**

四月頃は、教師である私がすべてを書き上げ、子どもたちや保護者の皆さんに読んでもらうつもりでいます。

次第に**その形に少しずつ変化を加えていきます。学級通信は、子ども同士をつないだり、子どもと保護者をつないだりするものであれたらいいな**と考えているのです。

実際に、2年生の子どもたちが描いた四コマ漫画や、行事前の意気込み、将来どんな大人になりたいのかなどを掲載したことがあります。

このようなことを共有することで、子どもたちの「個」が光る場になるようにしています。

学級通信の発行が難しい場合は、学級内に掲示する「学級内通信」や「学級新聞」という形でもいいと思います。子どもたちが紡ぐ言葉や絵は、温かくて素敵です。配付すると、すぐに読み合う子どもたちの姿が見られます。学校通信に少し余白を持って、子どもたちに委ねる部分を設定してみてはいかがでしょうか。

51

保護者と学校をつなぐ学級通信

保護者は、子どもの学校での交友関係や取り組みについて関心を持っています。ですから、**学級通信を発行して子どもたちの様子を伝えていると、保護者の方に喜んでいただける**ことがほとんどです。

ありがたいことに、わざわざファイリングしてくださったり、感想のお手紙を書いてくださったりすることがありました。夕飯を食べながら、学級通信の内容について家族でお話しすることもあるそうです。

また、個人懇談や学校行事などで保護者とお会いすることがあると、学級通信の内容を皮切りに、子どもたちの話に発展することもありました。

「学級通信に載せてくださった息子の作文を読んで、息子の気持ちがよくわかりました。生活科でおもちゃづくりに悪戦苦闘していて、落ち込んでいることもあったのですが、その時間が息子の成長につながったことがわかり、夫婦で読んでいて嬉しかったです」

「普段の何気ない姿が写った写真を見ていると、娘の友達との関わりがよくわかります。一緒に笑顔で写っている友達が毎回違うので、いろんな子と遊ぶことができるようになっているんですね」

などといった、お話につながることもありました。

52

家庭訪問・個人懇談で保護者とチームに

学級をまとめるには、起こりうる様々な問題に対して、保護者の協力を得ながらチームで対応していけることが理想です。家庭訪問や個人懇談は、保護者の方と家庭や学校での子どもの情報を共有できる絶好の機会だと考えています。

しかし、どちらもわずか十分程度の貴重な対話の時間になります。だからこそ、私は**「保護者の方の思い」を先に聞く**ことを大切にしています。もし、こちらから気になることを話題にする場合は、何となく子どもの困り感だけを話して終わらないようにしたいのです。子どもの強みやよい姿を軸にして、子どもの更なる成長につなげるために、一緒に作戦を立てられる有意義な時間にしたいと考えています。だからこそ、家庭訪問や個人懇談を迎えるまでの限られた時間の中で、子どもたち一人ひとりの様子を可能な範囲で見取りましょう。保護者が知りたい情報について答えることができない、という状況がなるべくないよう、学校での子どもの情報をしっかり持って、共有できるようにしたいですね。

【家庭訪問や個人懇談で話題に上りやすい十のこと】

①1年生のときに困ったこと（書字、発表、身辺整理、行事、人との関わりなど）
②家庭で苦労していること（言葉遣い、宿題、提出物、ランドセル準備など）

③学校と家庭との様子の違い
④2年生になって心配していること
⑤国語や算数における学習のつまずき
⑥集団行動における配慮や支援
⑦友達や先生との関わり方
⑧給食時の偏食やアレルギー対応
⑨保護者同士の関わり
⑩習い事

【子どもについて把握しておきたい五つのポイント】

①誰といることが多いか
②休み時間はどこで何をしていることが多いか
③授業中のよい姿（発言、ノート、対話、態度など）
④生活面のよい姿（挨拶、身辺整理、掃除、お手伝いなど）
⑤給食の様子（当番、偏食、おかわりなど）

【保護者について把握しておきたい三つのポイント】

①家族構成
②勤労情報
③1年生のときの担任による見取り

【個人懇談時　おすすめの環境整備】

待合室（廊下など）
①モニターを設置し、写真や動画を流す
②おすすめの絵本や児童書を置く
③掲示物

面談室（教室など）
①机は「コの字型」や「ハの字型」で設置する
②写真やテストなど根拠資料を用意する
③子どもの成果物を見せる

53

保護者と方針を揃える

子どもたちの力を伸ばすために、保護者と方針を揃えることが大切になることもあります。家庭と学校の間にズレが生じてしまうと、それぞれの子どもに対する願いや指導の意図が届きづらくなることがあるからです。子どもと話をするたびに「先生は○○と言ってた」「お母さんには○○って言われてる」となってしまっては、保護者も教師も苦しくなります。ズレを埋めるために方針を揃えることで、そのような課題をクリアしておくといいですね。

例えば、感情のコントロールの仕方についてです。ドッジボールや鬼ごっこで自分がアウトになってしまった瞬間に怒って物を投げたり、望ましくない言葉を使ったりしてしまう傾向のある子どもがいるとします。このような場合、**その子に寄り添うのと同じくらい、保護者と情報共有することが大切**です。

「クールダウンさせるために、保健室でリラックスしてもらうことがあります」「おうちでは、そのようなことがありますか？　あるとしたら、どのようにしていますか？」というように情報を共有します。

その後は、保護者と学校双方の思いや手立てを確認し合い、方針を固めていきましょう。適宜、方針について話し合いをし、変更を加えていく場合もあります。

54

お返事にはひと工夫

連絡帳は、保護者のニーズや心配事を収集する大切なアイテムです。受け取った情報をもとに、子どもたちへの指導を振り返ることができます。しかし、情報を受け取るためだけに使うのはもったいないと考えています。

子どもたちの素晴らしい姿を発信するために使う場面もつくっていきましょう。そうすれば、**連絡帳が子どもたちにとって保護者と学校の両方から褒められたり、認められたりするアイテム**になります。褒められたり、認められたりする経験は、居心地のよさを生み出します。居心地のよさはクラスのまとまりには欠かせない要素です。

【保護者からの連絡例】

昨日、子どもが手紙を提出し忘れていました。もう一度持たせています。ご確認よろしくお願いいたします。

【担任の返事例】

提出物、受け取りました。ありがとうございました。私が声をかける前に、朝一番に提出することができていました。今日も授業でたくさん発表していて、大活躍でした。

55

先手必勝の電話をかける

皆さんは、保護者とどのような内容の連絡をしていますか。私の場合、保護者と教師がチームになって指導に当たりたいいざというときに備え、**日頃からポジティブな話がメインの連絡を入れる**ようにしています。

例えば、「心配されていた偏食ですが、昨日は野菜を半分も食べていました。おうちでも『先生から頑張っていること聞いたよ』とお伝えください」「毎日、鉄棒で遊んでいて、逆上がりができるようになりました。すごいですね！　今度の体育でお手本をしてもらおうと考えているのですが、よろしいですか？」などです。

「こんなことで連絡するの？」と思うかもしれませんが、かなり効果的です。保護者側の話によると、ネガティブなことを伝えられがちなので、「学校からの電話は取りたくない」と感じる方も多いようです。ですから、忘れ物や授業態度などのネガティブなことを伝えたいときは、先にポジティブなことも必ず交ぜるようにしています。**ネガティブ一つに対してポジティブ二〜三つといったところ**でしょうか。

ネガティブな面だけで真剣に話し合いたいことは、いざというときにとっておきます。日頃の保護者の方々とのポジティブコミュニケーションが先手必勝となり、子ども、保護者、教師の笑顔へつながります。

56

テスト勉強、解き直しにひと工夫

2年生の子どもたちは、まだ自分に合った学習方法や学習サイクルが身に付いていない人が多いかもしれません。そこで、可能な範囲で**保護者の協力も得ながらテスト勉強や解き直しをする**ことを提案します。

まず、復習プリントや単元テストでは、問題を解いた後に子どもたちに見直しをさせ、自信がある問題には「◎」、そこそこ自信がある問題には「○」、自信がない問題には「△」を付けてから提出してもらいます。自己評価をしながら、見直しをするのです。

次に、自己評価されたテストを教師が丸つけをし、子ども自身が感じている得意と苦手の認知のズレを確認するようにします。保護者の手にテストやプリントが渡るときには、子どもの自己分析と実態（結果）が明らかになっている状態になります。

そして、テスト返却後の家での解き直し学習や復習に役立ててもらいます。家庭と学校の双方向で、子どもたちの学びを支えていくことが目的です。

この取り組みを始めたのは、「見直しをしてから出してね」と伝えても、何をどうすればよいかわかっていない子が多かったことがきっかけです。やってみてからは、個々がどこを重点的に復習すればいいのかがわかりやすくなり、**自己調整力につながる視点が持てるようになった**と感じています。

57

保護者の言葉を子どもに届ける

保護者の視点から言葉を届けることで、クラスのまとまりについて子どもたちに語りかけることができます。具体的には、授業参観や運動会などの行事後や学期末に、**保護者の方から感想を募り、届いた感想を子どもたちに読み聞かせたり、学級通信に掲載したり**しています。保護者からの感想を読むと、教師一人だけで子どもを育てているわけではないことを改めて認識するよい機会にもなります。

【参観授業の感想】

元気よく発表する子に、もじもじする子、先生やお友達のお話に耳を傾ける子や、控えめに見つめる子。いろいろな子どもたちの表情が見られた参観でした。その和みの中で、自分の考えを伝え合う姿が微笑ましく、大人から子どもに教えるのみでなく、共に学び合うことの大切さを改めて考えさせられました。

【運動会の感想】

家でお手本動画を見ながら一生懸命、練習していたダンス。本番はみんなニコニコしながらキレよく踊っていて、素敵でした。そして他学年の競技、演技中も集中力を切らさず応援していてカッコよかったです。お疲れさまでした。成長を見せてくれてありがとう。

58

レジリエンス（強み）を共有する

皆さんは「レジリエンス」という言葉を聞いたことがありますか。レジリエンスとは、困難をしなやかに乗り越え回復する力（精神的回復力）です。教育現場でも注目されるようになり、多くの著書が出ています。

レジリエンスを高める要素は様々な面から紹介されていますが、私はポジティブ心理学の二十四の視点を根拠に**子どもたちや保護者の方々と、いいところカードを共有する**ことを試みています。

強みを知っていることは、子どもたち本人が自分を好きになることや、自分に自信が持てることにつながります。また、教師や保護者が個々の強みを共有しておくことで、その子への適切なアプローチにつながると考えられます。

保護者へその子のよさを語るときに、「〇〇さんは、□□が素敵ですよね」と主観で語ることも一つの手です。それに加えて、**何か理論を根拠にして、子どもたちの強みを示せるのもいいこと**だと感じています。

皆さんは、子どもたち一人ひとりの強みが言えるでしょうか。ぜひ、このようなアプローチも取り入れながら、保護者の方と共に、一人ひとりの輝く個性を伸ばし、育てることに力を入れてみませんか。

59

保護者の背中から学ぶ

夏祭りやバザーなど、保護者の方がスタッフとして参加する学校行事がありました。子どもたちの笑顔を見るために、忙しい時間の合間を縫って、汗を流してくださる方がほとんどです。

そこで、せっかくですから「楽しかったね！」だけで終わらせず、保護者の背中から学ぶ時間も大切にしたいと考えるようになりました。「自分たちにもできていることはありましたか？」と問いかけると、「笑顔」「やさしくゲームのルールを教える」といった言葉が出てきました。

また、「おうちの人ってさすがだなと思うことはありましたか？」と問いかけると、「楽しいことしかなかった」「きっと子どものことを考えている」「みんな協力してた。ぼーっとしてなかった」といった言葉が返ってきました。

このような問いかけをすることを通して、クラスのまとまりに欠かせない力を保護者の背中から学ぶことができます。最初は問いかけても「学んだことはないよ」という子がいたり、教室が「しーん」としてしまったりすることがあるかもしれません。

そのようなときは、**実際にあったエピソードについて、教師が子どもたちに語り聞かせること**も、効果的なのではないでしょうか。子どもたちが保護者から学べることはたくさんあるはずです。

60

家庭での姿と学校での姿について理解する

皆さんの勤務校には、子どもたちと保護者が一緒に参加する行事はありますか。私が今まで勤めていた学校では、一緒にレクリエーションをしたり、掃除をしたり、お祭りをしたり、様々なことに取り組んでいました。

子どもたちは保護者の方々と過ごす時間に安心することが多く、そのようなときには学校では見せない一面を見せてくれることもあります。例えば、学校ではしっかりしている印象の子が保護者の方と一緒だとちょっと甘えん坊さんになったり、教室ではキリッとした表情で過ごすことが多い子が、安心しきったようなふにゃっとした顔を見せたり。子どもたちは、学校での自分と家庭での自分を切り替えて頑張っていることがよくわかります。私たちが見ている子どもたちの姿は、ほんの一部でしかないのかもしれません。

私たち大人でも職場とプライベートの空間では、違う姿を見せている方が多いでしょう。そのように**人と場によって切り替えができることも大切なスキル**だと思っています。

しかし、学校での姿が「我慢」「頑張りすぎ」だったら話は変わってきます（逆転する子どももいます）。登校から下校まで、本来の自分を無理に封印しているのは、疲れますしつらいかもしれません。保護者の方と情報共有し、子どもたちが程よいバランスで日々、学校での暮らしを楽しめるようにサポートしていきましょう。

おわりに

「まとめるコツを六十個挙げてください」

このようにお題をいただいたときは、二人でよく考え込みました。「私たちには、何を届けられるだろう?」「どのようにコツを分けていこう?」「どのように六十個に絞ろう?」というように、問いが尽きることはありませんでした。

しかし、私たちにとって「まとまっているクラス」とは何なのかを明確にし、それを支えている考えや手立て、実際にあったエピソードなどを書き出すことから始めたところ、私たちが伝えたい教師観が言語化できるようになっていきました。うまくいったことも、いかなかったことも、自分たちが子どもたちと積み重ねてきたことを背伸びすることなく形にしようという思いが強くなったからだと思います。

二人で筆を進めていく中で、子どもたちのことを思い出しては、声に出して笑ったり、時には後悔の念を抱いたりすることもありました。また、「このクラスでよかった」と思える集団になるために、私たちが教師としてまだできることはないかと考えるきっかけにもなりました。これまでの教室でのドラマを振り返り、よりよい未来を見ようとしているところに、私たち自身、成長とその喜びを感じることもできました。

本書を手に取ってくださった読者の皆様、本当にありがとうございました。ここに書かれていることは、絶対解ではありません。あくまで私たちの現在地です。今後も子どもたちと共に過ごす中で、現在の考え方が広がったり深まったりしていくはずです。しかし、本書が皆様にとって新たな発見につながったり、気持ちがほっとしたりするようなものになっていれば、これ以上に嬉しいことはありません。

最後になりましたが、本シリーズの2年生担当として、私たちを指名してくださった中部大学教育学部准教授の樋口万太郎先生、そして執筆中に何度もご尽力いただいた東洋館出版社の畑中潤様に改めて感謝申し上げます。ありがとうございました。

竹澤健人・竹澤萌

【参考文献】

・赤坂真二『明日も行きたい教室づくり　クラス会議で育てる心理的安全性』明治図書、2024年
・足立啓美・吾郷智子『見つけてのばそう！　自分の「強み」』小学館、2020年
・岩下修『AさせたいならBと言え―心を動かす言葉の原則―』明治図書、1989年
・宇野弘恵『伝え方で180度変わる！　未来志向の「ことばがけ」』明治図書、2022年
・小笠原恵『発達の気になる子の「困った」を「できる」に変えるABAトレーニング』ナツメ社、2019年
・片山紀子・若松俊介『「深い学び」を支える学級はコーチングでつくる』ミネルヴァ書房、2017年
・金子真弓『先生のためのポジティブことば手帖』東洋館出版社、2024年
・工藤勇一・青砥瑞人『最新の脳研究でわかった！　自律する子の育て方』SB新書、2021年
・小嶋悠紀『小嶋悠紀の特別支援教育究極の指導システム①』教育技術研究所、2022年
・小嶋悠紀『発達障害・グレーゾーンの子がグーンと伸びた声かけ・接し方大全』講談社、2023年
・鈴木惠子・宇野弘恵『心を育てる』東洋館出版社、2024年
・ナンシー＝フレイ・ダグラス＝フィッシャー・ドミニク＝スミス『学びは、すべてSEL　教科指導のなかで育む感情と社会性』新評論、2023年
・古舘良純『子どもと教師を伸ばす学級通信』明治図書、2021年
・マリリー＝スプレンガー『感情と社会性を育む学び（SEL）子どもの、今と将来が変わる』新評論、2022年
・米澤好史『やさしくわかる！　愛着障害　理解を深め、支援の基本を押さえる』ほんの森出版、2018年
・ローラ＝ウィーヴァー・マーク＝ワイルディング『SELを成功に導くための5つの要素　先生と生徒のためのアクティビティー集』新評論、2023年
・渡辺道治『BBQ型学級経営』東洋館出版社、2022年

著者

竹澤 健人（たけざわ けんと）

大阪府生まれ。奈良教育大学教育学部を卒業後、アサンプション国際小学校に勤務。関西国語授業研究会、授業力＆学級づくり研究会に所属。教職6年目。部分執筆に『小学2年の絶対成功する授業技術』『小学校国語　教材研究100本ノック』（以上、明治図書出版）などがある。

【執筆箇所】

第1章・第2章2-4,6-10,12-14,16,17,23,25,26,29-31,33,34,38,39,42,44,49,50,52,53,56,57,59

竹澤 萌（たけざわ めぐみ）

栃木県生まれ。白鷗大学教育学部を卒業後、栃木県の小学校勤務を経て、結婚を機に大阪へ。現在は池田市立小学校に勤務。関西体育授業研究会に所属。著書に『イラストで見る全活動・全行事の学級経営のすべて 小学校6年』（共著、東洋館出版社）、『授業力＆学級経営力』（連載、明治図書出版）などがある。Instagram（@mohepipipi）には、自己研鑽を目的として学級づくりや授業づくりの最新実践を発信している。

【執筆箇所】

第1章・第2章1,5,11,15,18-22,24,27,28,32,35-37,40,41,43,45-48,51,54,55,58,60

カスタマーレビュー募集

本書をお読みになった感想を下記サイトにお寄せ下さい。レビューいただいた方には特典がございます。

https://www.toyokan.co.jp/products/5770

2年生のクラスをまとめる 60のコツ

2025（令和7）年3月28日　初版第1刷発行

著　者　竹澤 健人・竹澤 萌
発行者　錦織 圭之介
発行所　株式会社 東洋館出版社
〒101-0054　東京都千代田区神田錦町2丁目9番1号
コンフォール安田ビル2階
代　表　TEL 03-6778-4343／FAX 03-5281-8091
営業部　TEL 03-6778-7278／FAX 03-5281-8092
振　替　00180-7-96823
U R L　https://toyokan.co.jp/

装幀・本文デザイン：etokumi 藤塚尚子
イラスト：kikii クリモト
組版：株式会社明昌堂
印刷・製本：株式会社シナノ

ISBN978-4-491-05770-5 ／ Printed in Japan